知的生きかた文庫

語彙力がないまま
社会人になってしまった人へ

山口謠司

はじめに

◆社会人としてのレベルを、語彙力で測られる現実

社会人としてふさわしい言葉づかいをする。実は、これこそが何よりもまず重要なことなのではないか、と私はつくづく感じています。

なぜなら、**あなたがどんなに能力がある人でも、稚拙《ちせつ》な表現をしていたり、思慮《しりょ》の浅そうな表現をしていたら、社会人としてのレベルを低く見積もられてしまうからです。**

モノの言い方ひとつで、社会人としての評価が決まってしまうことは、私だけではなく、誰もが経験則として実感しているのではないでしょうか。仕事の力量があるかないかということ以前に、言葉の理解力や語彙力で、あなたの評価はある程度決まってしまうのです。本来、人を評価するときには、仕事の能力や人間的な魅力など、様々な要素を総合して評価するべきなのですが、大人の世界ではそういう現

実があります。

語彙力が欠けているというだけで評価を下げ、つまずいたり、軽く扱われてしまったりするのは大変もったいないことです。

だからこそ本書では、「できる人が物事を理解するために押さえている語彙」「社会人としての知性と教養を感じさせる語彙」を一気に身につけていただくことをテーマとしています。

◆知性と教養は、日常会話で露見する

たとえば、「代替案《だいたいあん》を考えます」というのを、「だいがえあんを考えます」と言ってしまえば、他人から知性を疑われますし、仕事相手は不安になってしまいます。

また、人をほめるときの言葉にしても、「頭がいいですね」では、上から目線でモノを言っているような印象を与えてしまうこともあります。「頭がいいですね」と言われて素直に喜ばれるのは、高校生くらいまでではないでしょうか。「頭がいい」という言葉は、「機知《きち》に富む」という表現に言い換えたほうがいいのです。

また、仕事相手が話している言葉を理解できなければ、それは空気として伝わり、あなたの評価を下げてしまいます。

言葉というのは、便利である反面、怖いものでもあるのです。知性と教養を兼ね備える言葉を選び、その場その場でふさわしい言葉をうまく使う必要があります。

「頭の中にある考えを的確に短く表現し、わかりやすく相手に伝える」

「話や文章を理解する」

「コミュニケーションを円滑に進める」

「企画書やプレゼンの資料作成で社会人としてふさわしい表現をする」

「魅力的な言葉で人を動かす」

……。

言葉を理解し、使いこなす技術がなければ、できる社会人としての条件を満たしているとは言えません。だからこそ、「この人、できる!」と感じてもらえるような語彙力を、本書で身につけてほしいのです。

よく「日本語は難しい」と言われます。きちんと使いこなせているのかどうか、なかなか自分でそれを確かめることもできません。

子どもの頃ならともかく、社会人になってしまうと「君の言葉の使い方、おかしいよ」「話を理解するために、もっと言葉を覚えたほうがいいよ」などとアドバイスしてくれる人も、なかなかいなくなります。

間違った言葉の使い方を覚えて、それを使い続けていたら、陰で笑われてしまう可能性もあります。あるいは、言葉の行き違いによって話がこじれ、ビジネスがうまくいかなくなってしまうこともあります。

たかが言葉ひとつ、されど言葉ひとつで、あなたの評価が変わり、その後の仕事人生も大きく変わってしまうのです。

◆「最低限知っておいてほしい51語」を紹介します

本書には、毎日の社会生活の中でぜひ使ってほしいと思う言葉について、言葉の成り立ちや歴史などを交えながら、「この言葉には、こんな意味があったのか」とおもしろく身につけていただけるように書きました。

就職活動をしている学生から、新入社員、ベテラン社員、経営陣まで、多くの方々に役立つ内容となっています。

「社会人として、最低限知っておきたい知性と教養を感じさせる語彙」
「仕事で結果を出すために知っておきたい語彙」
「よく耳にするけど意味を知っている人は少ない語彙」
「多くの人が誤用してしまっている語彙」
「心の状態をうまく表現するために身につけておきたい語彙」
「同音異義語や、地位がある人や年配の人が使う語彙」

などを51個ご紹介しました。一冊で社会人としてふさわしい語彙力を身につけられるようになっています。

また、「どのようなことをすれば、語彙力をもっと高められるのか」についても、終章で私なりの方法を紹介させていただきました。

◆語彙力を高めて、日本人らしい美しさを

我が国を訪れる外国人観光客の多くが決まって口にするのが、「日本人は本当に優しい」「日本人は礼儀正しい」という言葉です。英語では「ジャパニーズ・ホスピタリティ」と言われ、海外から高く評価されています。

以前、アメリカのオンライン旅行会社最大手の「エクスペディア」が発表した「エクスペディア・ベスト・ツーリスト」に世界最良の旅行者ランキングがありました。

「世界各国のホテル従業員に対し、国別の観光客の印象を聞く調査」というものなのですが、これによれば日本人はどこの国へ行っても、「礼儀正しく」「行儀がよく」「ホテルで大騒ぎしたりすることもない」「クレーム・不平がない」と、世界トップの評価を受けているのです。

国内外で、このような評価を受けている日本人ですから、さらに礼儀を磨いていくことも考えていいのではないかと思います。

そして、その第一歩となるのが、日々使う語彙です。

丁寧な言葉、優しい言葉、人をホッとさせる言葉、そんな言葉を使ってコミュニケーションを取るようにしていけば、日本は「和ホスピタリティの国」という評判をさらに得ていくことになります。

言葉を大事にすることは、人を大切にすることにつながります。言葉は、自分の美しさ、自分の凛々《りり》しさを他人に示すための大事な「化粧」でもあります。

ぜひ、あなたもこのような一面も考えつつ、できる社会人としてふさわしい語彙力を身につけていきましょう。

本書が、あなたの心や言葉を豊かにすることを願っています。

山口謠司

目次

第2章　最低限知っておきたい「知性」と「教養」を感じさせる語彙

第3章 仕事で結果を出すために知っておきたい語彙

第4章 よく耳にするけど意味を知っている人は少ない語彙

第5章

多くの社会人が誤用してしまっている語彙

第6章 感情をうまく表現するために身につけておきたい語彙

第7章 社会人としてのレベルをもう一段上げたい人のための語彙

終章 社会人としての語彙力を自然と高めていくコツ

編集協力／森下裕士
本文DTP／株式会社Sun Fuerza

第1章

なぜ、社会人には語彙力が求められるのか

語彙力があれば、人生が変わる！

1949年に出版された、ノーマン・ルイスの名著に『Word Power Made Easy（語彙力を身につけるのを簡単に）』というものがあります。

彼はアメリカの作家でありながら、文法家、辞書学者、語源学者でもあり、言語に関するスペシャリストで、多くのベストセラーを残しています。改訂を経て今でも版を重ね、アマゾンでも日本人が高い評価やコメントをしていることからも、とても有益な本だということは明らかでしょう。

さて、この本には、次のような文章が記されています。

いつも適切な言葉を使っているだろうか？
それを正しく発音したり、つづったりできるだろうか？
稚拙な表現を避ける術を知っているだろうか？

恥ずかしい間違いをおかさず、文法的に正しく話せるだろうか？ひとつでも改善したい点があるなら、『Word Power Made Easy』は必携だ。英文法分野の著名な専門家によって書かれたこの完璧なハンドブックが、シンプルなステップ・バイ・ステップ方式であなたの英語の知識とスキルを確実にレベルアップさせる。

本書で学習すれば、

・自信を持って話し、書けるようになる
・効率のいい効果的な言葉の読み方が身につく
・理解が早くなる
・交際範囲が広がる
・収入アップにつながる

つまり、語彙力を身につければ、**自由自在に読み書き、話ができるようになり、交際範囲が広がり、収入もアップする**というのです。人生が変わるのです。

できる人とは「頭の中を言語化できる人」

なぜ、語彙力が人生に大きな影響を与えるのか——。

それは、語彙力の有無が社会人としての評価につながるからです。

「言いたいことがあるのに、それを言葉で表せない」

こういった経験は、誰にでもあるものです。言葉を忘れてしまったということではなく、表現ができないという経験です。

たとえば、仕事でいいアイデアが浮かんだとしても、それをうまく言葉にして伝えることができなければ、そのアイデアはなんの価値も生み出しません。また、交渉の場などでも、適切な表現ができなければ話をうまく進められません。

社会人になると、口頭でも書面でも、自分の考えをうまく表現できなければ評価されないのです。

逆に、**頭の中で考えていることをうまい表現に変えて、他者に伝えられる人は、**

高く評価されます。

仕事とは少し離れてしまいますが、イメージしやすい例だと、友人とレストランに行って、何かおいしい物を食べたときのことを考えてみてください。「おいしい」と言うだけではつまらないものです。

〝何が〟〝どんなふうに〟おいしいのか。素材の味が生きている、色が美しい、味付けが濃く染み込んでいる、冷たさがたまらない……、様々な「おいしさ」を言葉巧みに表現できたら、友人との会話もきっと盛り上がることでしょう。

我が国では「沈黙は金」というように、言葉少なに表現することを大人のたしなみとする風潮がありますが、社会人はそれを鵜呑《うの》みにしても仕方がありません。

やはり、わかりやすく、魅力的に、端的に、知的に物事を表現する力がある人ほど、評価を得ていくものです。

あなたが持っている最も貴重な資源である頭脳も、語彙力がなければなかなか生きません。あなたの一番の武器を他人へアピールするためには、語彙力の向上が必要不可欠なのです。

社会人としての「知性」と「教養」

社会人になると、あなたが使っている言葉によって、知性と教養のレベルを他人から測られてしまいます。どんなにいい仕事をする人でも、稚拙な表現をしていては、なかなか信用や信頼を得ることができず、評価されません。

「はじめに」でも述べましたが、「代替案」という言葉を「だいがえあん」などと言ってしまえば、相手に知性を疑われてしまいますし、「この人と仕事をしてもいいのか」と不安を与えてしまいます。

こういった間違いは、会話でもメールでも起こり得ます。知らず知らずのうちに評価を落としてしまうのです。また、言葉の間違いでなくても、スピーチやプレゼンなどでは、使う言葉の質によって説得力も変わってしまいます。

ひとたび思慮が浅い、頭が悪いなどと思われてしまったら、何事もうまくいきません。

仕事の能力ではなく、語彙力のレベルによって人との関係をうまく築けないことは多々あります。良いか悪いかは別として、社会人の世界ではそうなのです。**社会人として一定のレベルに達していないと思われてしまえば、たとえ仕事で結果を出しても、なかなか地位も収入も快適な環境も得られない現実がある**のです。

最近では、ようやく能力を評価する雰囲気が社会に浸透してきましたが、まだまだ言葉づかいを含めた社会人としての品格を大切にする風潮は残っています。

特に、地位が高い人ほど年齢も高く、そのような品格を重視する傾向が強いため、語彙力がなければなかなか認めてもらえないのです。

しかし、現状を嘆いていても仕方がありません。語彙力があれば解決できることなので、社会人としてふさわしい言葉を身につければいいだけです。大人には大人の表現方法があり、それを知れば、社会人としての風格も品格も高まります。

「この人は信用できる」「この人に大きな仕事を任せたい」……。

言葉の数を増やし、言葉の質を上げて、あなたを取り巻く状況を大きく変えましょう。

「語彙力」と「理解力」は表裏一体

また、できる社会人になるためには、話の理解力を高めることが必要不可欠です。相手の話を理解する、仕事の内容を理解する、会社の方針を理解する……など。社会人になると、理解力は当然必要になってきます。

物事を理解することは、そもそも自分に語彙力がなければできません。

相手の発言が理解できなければ、それは空気として相手に伝わってしまいますので、あなたの知性や教養が疑われ、軽く扱われてしまうこともしばしばです。

どんな相手との会話でも理解できるように、語彙力を鍛えることは大切です。相手との最低限の共通言語がなければ、話は平行線で、かみ合うことがありません。

語彙力がなければ知識の収集ができないので、社会人として最も大切なクリエイティヴィティも高まりません。

つまり、社会人が使う最低限の語彙は知っておく必要があるということです。

話を「短く」「わかりやすく」伝えるために

語彙力がない人ほど話が長いと、私は感じています。

それは、単純明快に自分の考えを表現することができないからです。適切な表現が思い浮かばなければ、考えていることをすべて説明することになってしまいます。

結果として、話す量が増えてしまい、話す時間も長くなってしまうのです。

当然、伝える情報量が増えて、話す時間が長くなってしまえば、それだけあなたの意図していることが相手に伝わりづらくなります。

短くわかりやすく伝えることは、できる社会人としての条件のひとつです。

話がわかりにくい人、長い人は敬遠されます。あなたも、グダグダと要点のつかめない話に時間を費やすのは嫌ではないでしょうか。

言葉を上手に操って「できる人だ」という印象を与えるためにも、語彙力は不可欠なのです。

言葉の力で人を動かすことができる

また、人を動かすためにも、語彙力は必要です。

たとえば、何年もかけてやってきた大きなプロジェクトが、暗礁《あんしょう》に乗りかかっている場合を考えてみましょう。

「がんばろう！」という言葉だけで、チームは盛り上がるでしょうか。

「気にすんな！」という言葉だけで、メンバーの心は晴れるでしょうか。

そんなことはありません。

しかし、一人ひとりに適切な表現で励ましとなる言葉を伝えることができたら、メンバーはこれまで以上の力を発揮することができるでしょう。

現代社会では、どんな地位にいる人であれ、リーダーシップを取れる人が重宝されます。周りの人々を見て、それぞれを励ますための言葉を持たなければならないのです。

「適切で、魅力的な表現ができる人」「繊細な言葉づかいをして人の心を動かすことができる人」、そうした人が高い評価を受けるのは当然です。

経営の神様といわれたパナソニックの創業者である松下幸之助、ホンダを築き上げた本田宗一郎、ダイエーを創業して日本チェーンストア協会の初代会長を務めた中内切《なかうちいさお》などは、著作もたくさん残していますが、それぞれの会社の社員のみならず、日本全国や世界に向けて、適切で魅力的な言葉を発信していました。

そうです。**言葉こそが、人を動かすのです。**

そして、その言葉は〝小さな語彙の塊〟です。間違った使い方をすると、かえって笑われてしまうかもしれない、小さな語彙の塊です。

それぞれの語彙が持つ意味を正しく身につけることによって、自らを正し、人に働きかけることができるようになります。

ここまで述べてきたように、社会人としての評価は、語彙力と大きく関わりがあります。結果を出すことは仕事において重要ですが、語彙力を身につけることも、社会人にとっては大切なのです。

「識字率が高い」＝「語彙力がある」ではない!?

では、そもそも語彙力とはなんなのか。

語彙力をつけるための本は、日本ではあまりありませんでした。

それは、ひとつは平安時代から明治時代までずっとあった「往来物《おうらいもの》」と呼ばれる本の影響があるからです。

往来物というのは、わかりやすく言うと手紙や文書の雛形《ひながた》、つまりは教科書です。それぞれの職業に必要な例文が載っていて、それを真似していれば、間違いがないというものです。

みなさんが耳にしたことがあるものに、『庭訓往来《ていきんおうらい》』があるのではないでしょうか。これは、書簡（手紙や書状）の書き方を雛形として、語彙を学んでいくものです。

ほかに、『商売往来』『十二月往来』『百姓往来』『田舎往来』『問屋往来』など数百種類のものが出版されました。

明治時代になると、日本人は欧米人に比べて、驚くほどに識字率が高かったと言われていますが、それは、「往来物」がうまく機能して、老若男女、それぞれの身分、職業の人でも、それに合った手紙を書き、文章を読むことができたからなのです。

ただ、その弊害もありました。

それは、**型にはまった文章、語彙は身につけることができても、型から外れたものは全くわからない**という状況になってしまったことです。

士農工商という身分によって固められた制度のもとでは、なかなかそれぞれの制度を乗り越えて異分野の語彙を学ぶことが難しかったと思います。

そして実は、この状況は今でもあまり変わりません。

一度ある職業について生活が落ち着いてしまうと、その居心地の良さから地位を守ることに終始して、新しいことを学ぼうとしなくなります。

しかし、決して「今」に満足してはなりません。どんな人でも「今」に満足してしまっていては、未来に対応する力をなくしてしまいます。

語彙力を身につけるというのは、もちろん知性を身につけることでもあります。しかし、そういう堅苦しいこと以前に、**語彙力を身につけることは、五感を十分に働かせることにもつながり、常に新しいものにも対応することができる力を養うことにもつながるのです。**

次の章からは、できる社会人として知っておくべき語彙を紹介していきます。極力わかりやすい解説を心がけましたので、ぜひとも語彙力を高めて、評価される人になってください。

第2章

最低限知っておきたい「知性」と「教養」を感じさせる語彙

仰《おっしゃ》るとおり

――「なるほど」がログセの人は、信用されない

この章では、社会人として最低限知っておくべき語彙を紹介していきます。

「話し上手は聞き上手」とは、よく言われます。できる人ほど、自分の意見をダラダラ述べるより、むしろ相手の話に耳を傾けているものです。

討論会やラジオ番組などでも、話がうまい人は場の雰囲気をつかむ能力に長けています。他人の話を聞くだけ聞き、ここぞというときに大事なことをさらりと言って説得したり、新しい話題を提供したりします。「私は」「私は」と、自分の主張だ

けする人は煙たがられてしまい、かえって話を聞いてもらえないものです。

ただし、人の話に耳を傾けるのはいいことですが、相手が何か言うたびに「なるほど」とあいづちを打つのはいただけません。「なるほど」という言葉は、あまりいい言葉ではないからです。実は**「なるほど」という言葉は、室町時代末期や江戸時代初期に俗語として使われていました。**そのため、ビジネスシーンなどの改まった場では使わないほうがいいのです。

また、最近の若い人は「たしかに」という言葉であいづちを打つことが多くなってきました。これは、英語の「sure」「certainly」の訳語が日本語として使われたことの影響です。悪い言葉ではありませんが、多用するとちょっと軽い印象を与えてしまいます。

では、「なるほど」という言葉の由来を考えてみましょう。

もともと「なるほど」は、「なるべきほど」という言葉の「べき」が省略されて短くなったものです。この「なるべきほど」を現代語に訳すと、「可能な限り」「できるだけ」という意味になります。

さらに、この「可能な限り」という意味で使われる「なるべきほど」は、「なるべく」や「なるたけ」などにも変化していきます。

つまり、「いかにも相手の言っていることが理屈に合っているかどうか、できるだけ確かめてみよう」というような、ちょっと意地の悪い意味が背景に潜んでいるため、あいづちの言葉としてはふさわしくないのです。

あいづちには「自分の考え」を挟むべし

「なるほど」の由来を知ると、ビジネスシーンで多用することは控えるべきだとわかってもらえたと思います。

多くの社会人が、会社内外でのコミュニケーションで、「なるほど」という言葉を使ってしまっています。「とりあえず、『なるほど』とあいづちを打っておけば、会話がスムーズに進むだろう」という安易な考え方をするべきではありません。

私は「なるほど」という言葉を使っている人ほど、話をしっかり聞いていないのではないかと感じています。なぜならそれは、誰に対してでも使うことができる言葉だからです。

思考停止して話を聞いていれば、それは空気として相手に伝わってしまいます。会話の相手が人間力のある人なら、それを見抜かれて、信用や信頼を失ってしまうことになりかねません。

それでは、「なるほど」ではなく、どういう言葉が適当なのでしょうか。

「そうですね」「ごもっとも」などのあいづちは、たしかに適切だと思います。ただ、最も品格を感じさせるのは、「仰るとおり」です。

「仰るとおり」は、話の内容を自分の頭の中で吟味《ぎんみ》し、納得したときにこそ出る言葉です。

そして、もう一歩、この「仰るとおり」を応用することも考えてみてください。「ご指摘のとおり」「ご明察《めいさつ》のとおり」のような言い方も、たまに使ってみると相手からの評価も変わるでしょう。

「お」「ご」

――ほとんどの人が知らない日本語のルール

「お菓子」と言ったり「ご飯」と言ったり、「お車」と言ったり「ご機嫌」と言ったり、物の名前を表す名詞の前に「お」や「ご」をつけて、丁寧な気持ちや尊重の意を表す場合があります。

しかし、「お」と「ご」の違いはなんなのかと聞かれると、明確に答えられる人はあまりいません。

「御菓子」「御飯」「御車」「御機嫌」

このように、**「お」と「ご」は、漢字で書くと同じです。**

「御」という漢字は、昔、まだ馬を重宝して乗っていた時代に、「馬を御《ぎょ》す」というような言い方で使われていたことがあります。これは、馬をうまく扱って穏やかに歩かせたり、走らせたりするという意味で使われる言葉です。

皇帝や天子の住まいを「御所《ごしょ》」、またその庭を「御苑《ぎょえん》」と言ったりしますが、これは「馬を御す」という言葉と無関係ではありません。

そもそも、皇帝や天子には、どういう人がなれるものだと思いますか。世襲で決まっているから、庶民には関係がないと思う人もいるかもしれません。

しかし実は、ヨーロッパの歴史や中国の歴史などを見てみると、謀反《むほん》で退位することもあり、皇帝や天子になることは「世襲」という言葉だけで片づけてしまえるほど簡単なものではありませんでした。

そしてそれは、現代の社会に置き換えれば、大きな会社の会長や社長になることも同様です。国家の元首としての皇帝や天子であれば国民を、会社の会長や社長であれば社員を、うまく御す力がなければなりません。

別の言葉で言い換えれば、「国民や社員をうまく治めて、国や会社を発展させることができる人」こそが、人の上に立つということです。

「御前」という言葉があります。

「ごぜん」と読んで、我が国では殿様などをそう呼びました。

これは、もちろん尊敬の意味を込めて使われている「御」でもありますが、本来は「世の中を治める人の前に立って、尊敬の気持ちから自らの頭を下げる」という意味を持って使われる言葉です。

御菓子、御飯、御車、御機嫌、御電話、御寿司、御用……という「御」の読み方も、相手に敬意があるかどうかで考えると、少し違いがわかるのではないでしょうか。

漢語と和語で使い分けるルールがある

では、どのように「ご」と「お」を区別して使えばいいのでしょうか。

基本的に「ご」がつく言葉は、漢語です。
反対に、「お」がつく言葉は和語になります。

漢語とは字訓（訓読み）ではなく字音（音読み）で読む言葉のことで、和語とは日本固有の語のことです。たとえば、「ご案内」と「お知らせ」、「ご依頼」と「お願い」のような使い分けがわかりやすいでしょう。

そして、このルールに従うと「お返事」というのは間違いで、正しくは「ご返事」だということがわかると思います。

ただ、「お時間」と言うことはできても、「ご時間」という言い方はありません。「ご時間」と言えば、「5時間」だと勘違いされてしまうかもしれないからです。

こんなふうに、必ずしも「ご」と「お」の区別が漢語か和語かで確然と分かれているというわけではありませんが、ルールを知った上で慣用的に例外を認めることが、日本語を使いこなす秘訣です。

言葉は意思を伝える道具だと言われます。うまく相手に意思が伝わる言葉には、意力のようなものがあることを知っておくといいでしょう。

幾重《いくえ》にも御礼《おれい》を申《もう》し上《あ》げます

――「一度で深く感謝する」スマートさを

「心の襞《ひだ》」という言葉があります。

「心の襞」がたくさんある人は感受性が高く、多くのことを繊細に感じることができます。

人間の心は形のないものですが、昔から心には「襞」があると言われてきました。そして、近年では「心」は、胸ではなく脳が感じるもの、つまり「心理」であると解明されてきています。

ここで、おもしろいと思うのは、昔から「頭がいい人の脳には、しわがたくさんある」と言われてきたことです。

「頭がいい人」というのは、いろいろな考え方はあるでしょうが、〝外界から受け取った情報を、自らの経験に照合して処理し、様々に活用することができる能力を持っている人〟だと私は考えています。

今では、脳のしわと頭の良さには関係がないとわかってきているようですが、もしかしたら「心の襞」と「脳のしわ」は、同じような意味で用いられてきたのではないかと思うのです。

「感謝」もまた、外界から「ありがたいこと」を受けたときに感じるものです。

その感謝が、自分に深く染み込むように感じられるとすれば、「心の襞」がそれに反応していると言えるのではないでしょうか。

日本語では、古くからその感じ方を「幾重にも」と表現してきました。

「心からの感謝」を大切にする

「八雲立《やくもた》つ　出雲八重垣《いずもやえがき》　妻籠《つまご》みに　八重垣つくる　その八重垣を」

という歌が、『古事記』『日本書紀』に載せられています。

これは、古来、短歌の起源だと考えられているもので、『古事記』には素戔嗚尊《すさのおのみこと》が、愛する妻のためにつくったものだと記されています。

「雲が幾重にも立ち上る。雲がわき立つという名の出雲の国に、八重垣を巡らすように、雲が立ち上る。妻の住まいとするために、私は幾重にも垣根をつくったけれども、まるで八重垣を巡らしたようだ」

というような意味で、八重垣とは何枚も重ねた囲いや仕切りのことです。

つまり、素戔嗚尊は、妻を得たことを心から喜び、彼女のために家をつくり、幾重にも垣根をつくったというのです。

「奥さんを大事にした」ことを象徴する歌ですが、これは「幾重にも感謝をする」という言葉のニュアンスに近いものがあります。

「幾重にも感謝を申し上げます」というのは、ただ何度も「ありがとうございます」と同じ言葉を繰り返すこととは違います。

先に述べたように、**この言葉は、深く、しみじみと、「心の襞」にあらゆる意味において、ありがたいという気持ちを感じることを表している**のです。

「ありがとう」という言葉だけではそっけないものですし、相手にも感謝の気持ちがしっかりと伝わりません。

「幾重にも御礼を申し上げます」

社会人なら、こういった表現で感謝の気持ちを相手に伝えてみてください。

また同様に、相手に深く謝罪したいときは、

「幾重にもお詫びを申し上げます」

という表現を、社会人であれば使ってみましょう。

慶賀《けいが》

――相手を祝うあいさつは、社会人としての基礎

「御隆昌《ごりゅうしょう》の段、慶賀の至りに存じます」というような文章を、目にしたことがあるのではないかと思います。

手紙の冒頭、あいさつに使われていることが多いため、「いい意味で使われていることは想像できるけれど、一体どういう意味なのかわからない」という人も多いのではないでしょうか。

社会人として、このような冒頭の文章は使いこなせたほうがいいとは思っていて

も、「実際に自分が使うとなると、意味がわからなくて使えない」と感じている人は少なくないのではないかと思います。

この「隆昌」という熟語は、「隆」「昌」ともに「どんどん盛んになる」という意味の漢字でできています。ただ、知っておくべきは、**その「盛んになる姿」がそれぞれ違う**ということです。

「隆」という漢字から説明しましょう。

「隆」の左側は、もともと「阜」と書かれていました。いわゆる「こざと偏」と呼ばれており、土を盛り上げた城壁や土を盛り上げて囲んだ村などを意味します。

次に右側です。「隆」は旧字では「隆」と書きます。「隆」の「一」と「生」をくっつけて書いた記号は、「地面から植物の芽が生えること」と「上から押さえつけられる力に抵抗して、強く高く上へと盛り上がっていくこと」を表します。

つまり、「隆」という漢字は、「上にどんどん伸びていく盛んな姿」を表しているのです。

ちなみに、「隆」は「降」という漢字と右下の部分が違うだけですが、「降」という字の「丰」は、「上から下に向かって落ちてくる」ことを意味しています。

それでは「昌」はどうでしょうか。お日様が二つ重なって書かれています。こちらは、放射状に太陽の光が広がっていくように、「キラキラと輝きながら大きくなっていく盛んな姿」を表しているのです。

言祝ぎの伝統を大切にしよう

それでは、「慶賀の至り」という言葉について触れたいと思います。

「慶」という漢字から「心」と「夂」を除くと、「鹿」に見えないでしょうか。少し形は異なりますが、この「心」と「夂」を除いた部分は、実は「鹿の毛皮」を表しています。鹿の毛皮は、古代中国ではお祝いの贈り物に使われるものでした。

また「夂」は「歩いている足」を表します。つまり「慶」は、「お祝い事があったときに、心を込めて、鹿の毛皮を持って行くこと」を表す漢字だったのです。

漢字の説明ばかりになって恐縮ですが、「賀」は「貴重で高価なもの」を表す「貝」と、「加える」という意味の「加」が組み合わさっています。つまりこちらの漢字は、「ありがたい素晴らしいことが、たくさん次々にありますように」という意味があるのです。

ここまでをまとめると、「ご隆昌の段、慶賀の至りに存じます」は、「高く高く、また太陽の光のように燦々《さんさん》と盛んになっていらっしゃるご様子で、喜びがさらにどんどん大きくなっていかれることと、思っております」という意味になります。

古代より、言葉は「ただ意味だけを相手に伝えればいい」というものではありませんでした。**「言祝《ことほ》ぎ」という言葉が残っているように、相手に対して「素晴らしいですね」と伝えれば、相手は本当に恵まれ、それが自分にも返ってくると考えられていた**のです。

手紙の冒頭にこのような言葉を添えるのは、「言祝ぎ」の伝統を示すものでもあるのです。

拝承《はいしょう》

――「わかりました」「了解しました」では、社会人として失格

「拝」という漢字は、社会人として上手に人間関係を築き、保つためにはとても大切なものです。訓読みでは「おがむ」と読みますが、神社仏閣で神様や仏様などに祈るようなときに多く使います。

この漢字は、諸説ありますが、私たちが神仏などを拝むときの手の形をそのまま写したものになっています。

「拝」の左側の「扌」は「手偏」と呼ばれるように、「手」という漢字を省略した

ものです。

それでは右側はどうでしょう。「拝」という字の右側だけを見てみると、「手」という漢字とそっくりなことに気がつきます。違いは、横の線が一本多く、下の部分が撥《は》ねていないことです。

実は、漢字がつくられていく上で、古い時代にはこれくらいの形の違いは全く問題にされるものではありませんでした。

つまり**「拝」という漢字は、「左手」と「右手」を合わせた形を表している**のです。

我が国の古い文化は漢字も含め、古代中国から多大な影響を受けています。「仁」や「徳」、あるいは目上の人を大事にする「孝」という考えなども、中国の伝統的な儒教の教えが土台になっています。

ここで儒教とはどういう教えなのかを説くつもりはありませんが、古代の中国や古代の日本でも、人々が生きるために最も必要としていたものが「円滑な人間関係」でした。ギスギスした人間関係ばかりでは、精神的につらくなるものです。

そして、昔も今も、円満な人間関係をつくり上げるには、やはり言葉の力がカギだったのです。

用件を「両手で大事に受け取る」イメージで

たとえば、何か人からいただき物をするときに、片手でもらうと失礼な感じがするでしょう。逆に、渡す立場の人も、片手で渡してしまえば「ほら、これを取っておけ」という横柄な印象を相手に与えてしまいます。

大事なものを両手で差し出し、受け手もそれをありがたく両手で受け取る。それが「拝」という漢字の意味なのです。

受け取るものは「物」に限りません。すべての受け取りに関して、ありがたく受け取るイメージを持つことはとても大切です。

メールも、指示も、お願い事も、任され事も、すべて受け取るものです。

このように何かを受け取ったときに、「わかりました」「了解しました」と返事をする人が多いように感じます。

どんなときでも、「大切な用件をお預かりします」という気持ちを込め、両手で大事に受け取るように「拝」という言葉を使いましょう。

「わかりました」「了解しました」は、「あなたの言っていることを理解しました」という意味になり、どこか幼い印象を与えてしまうため、社会人の表現としてあまり適切だとは言えません。

だからこそ、「その大事なご用件を承りました」というようなときに使う「承る」という漢字と合わせて、**「拝承いたしました」と伝えれば、社会人としての品格を感じさせる美しい表現になります。**

「わかりました」「了解しました」という言葉は、多くの人がとっさに使ってしまうものです。

ビジネスシーンで、ついこういう言葉を使いそうになったら、「拝承いたしました」と言い換えて、社会人としてふさわしい表現にしてみましょう。

きっと、相手にいい印象を与えることができますよ。

格別《かくべつ》

——この一言が「大人の雰囲気と品格」を醸し出す

「平素は、格別の御高配《ごこうはい》を賜《たまわ》り、誠にありがとうございます」と、手紙のあいさつに書かれているのをよく見かけます。文章でよく使われる言葉なのですが、会話の中でもこういう言葉をさらりと言えると、とても知的な印象を相手に与えることができます。

特に**「格別」という言葉を上手に使いこなすことができると、大人の雰囲気や品格を醸し出すことができる**ものです。

たとえば、食事に行ったときに「おいしいですね」と言うのと、「格別ですね」と言うのとでは、その言葉を聞いた人の印象は大きく異なります。

格別という言葉は、「物事の種類や性質などが他と比べて全然違う、特別の風合いや風情を持っている」と伝えたい場合に使うことができるのです。

「格」が持つ「物事の本質」の意

ところで、「品格」という言葉にも「格別」という言葉にも、「格」という漢字が使われていますが、この漢字はどのような意味を持っているのでしょうか。

「格」という漢字は「木」と「夊」と「口」からできています。

「夊」は「慶賀」という言葉を説明するときにも出てきましたが、「歩いて進む足」を意味します。

「口」は、もともとは「大きな石」を表すものでした。「大きな石」は、「しっかりした基礎があること」を意味します。

「木」も、小さな木ではなく、「大きな木」を表します。「大きな木」は、「支え」を意味します。

すなわち「格」とは、「堂々と自信を持って、歩みを進めることができる力を持っていること」を表しているのです。

「格別ですね」という言葉は、したがって**「ある物事がしっかりと、そうであるべき力を持っていて特別である」**という意味を持っているのです。

これを知っていると、「格別」の本当の意味もわかり、自信を持って使うことができるでしょう。

第3章

仕事で結果を出すために知っておきたい語彙

乖離《かいり》

――「食い違い」を教養のある言葉に言い換える

ここからは、ビジネスシーンでよく使われ、知っておくと円滑に話が進む便利な語彙についてお話ししていきます。

会議などでは、みんなで同じ方向に物事を進展させようと思っていても、スタンスや考え方の違いによって、少しずつベクトルの方向が分かれてしまうことがあります。そのままにしていれば、お互いが離反してしまって、空中分解してしまうかもしれない。そうなる前に、何か手を打たないといけない――。

そんなときは、「乖離した意見をまとめようと思います」という言い方をしてみましょう。

「乖離」とは、「乖《そむ》き、離《はな》れる」と読むことができます。

たとえば、このように使用されています。

「政治と軍事が乖離していては戦争はできない」

（半藤一利《はんどうかずとし》『指揮官と参謀』文藝春秋）

「そして、ほぼ、七年間にわたり、両者はとくに乖離や矛盾を生じたわけではない」

（田中芳樹《よしき》『銀河英雄伝説外伝4』東京創元社）

「この科学の限界が、『世界知』と『生活知』の乖離の問題に大いに関係します」

（茂木《もぎ》健一郎『「脳」整理法』筑摩書房）

「乖」という漢字は、「乗」という漢字に似ていながらも、少し変わった形をしています。

この漢字の中心に見える「千」は、もともとは羊の角を表しています。古代中国では、羊の角は頭の中心の一カ所から左右両方に分かれて出てきていると考えられていました。

つまり、「根本では同じであるはずが、だんだん離れてしまう」ことを意味するのです。

それに「北」という漢字がついています。

「北」という漢字は、人が背中を向けて、反目している様を表したものです。反目しあって張り詰めた冷たい空気が流れることから、この字は方角としての「北」を意味するようになったのです。

ビジネスシーンでの汎用性が高い

「千」にしても「北」にしても、「乖」という漢字をつくる要素は、分裂して嫌な雰囲気をつくることを意味しています。

実際に「乖背《かいはい》」という言葉があり、これは「互いが背《そむ》く」という意味ですし、**「乖離」も、本来は「心が合わず、しっくりこない」という意味の言葉**です。

相手の態度や意見などが、自分と合わず食い違うことを「乖隔《かいかく》」と言いますが、今ではこの言葉は使われなくなり、「乖離」が使われるようになりました。

少し難しい字ですが、この漢字の構成要素である「千」と「北」を見れば、さほど難しくないと感じることができるでしょう。

みんなの方向性をすり合わせること以外にも、ビジネスシーンでは、

「顧客のニーズと企画の方向性が乖離している」

「顧客データとプロジェクトの方向性が乖離している」

……といった使われ方をすることも多いです。

議論の場などで、相手が根拠に基づかない意見で批判をしてきたときには、「データと意見が乖離しています」という使い方もできます。

乖離という言葉を使いこなして、様々な場面で役立ててみてください。

概《おお》ね

――「だいたい」「おおよそ」以外の知られざる意味

『日本史概説』や『概説　世界の経済』というようなタイトルの本を、書店で見かけたり、あるいは読んだりしたことがある人も多いのではないでしょうか。「概説」というのは、「細かい部分には触れず、大局的な視点から説明します」という意味です。

「概説」の「概」を訓読みにしたのが、「おおむ（ね）」という言葉です。わかりやすく言えば「だいたい」「おおよそ」という意味になります。

「概説」「概ね」の基本的な意味はこれで間違いないのですが、実はこの意味とは別に、「概説」「概ね」には、さらに深い意味が隠されています。

それは『日本書紀』などで使われている「概ね」の用法で、**「一番大事なところ」という意味を表す**ものです。

漢字では「大旨」と書かれる場合もあります。

そう考えると『日本史概説』という本は、「細かい部分での議論はともかく、日本の歴史を貫く最も大切な筋道としての日本史を説明しよう」という意味であるとも考えられます。

ほとんどの人は「概説」と聞くと、「だいたいのことだろう」と思ってしまいがちですが、「だいたい」「おおよそ」以外にも、「一番大事なところ」というもっと深い意味があることを知れば、「概説書」とはありがたいものだとわかり、「概ね」の使い方にも幅が出てくるのではないかと思います。

近似値《きんじち》・中央値《ちゅうおうち》・平均値《へいきんち》・最頻値《さいひんち》

——説明がうまい人ほど「数字に関する用語」を使いこなす

「世の中の動きを可視化するためにはどうすればよいのだろう」と、人類が思い始めたのはいつ頃からなのか、と考えることがあります。

我が国では第二次世界大戦が終わるまで、ほとんどの人は予定表を持っていませんでした。それまでの予定とは、自分でつくるものではなく、上から「申しつけられる」ものだったからです。

実は、日本人がシステム手帳を持つようになって、自分で予定をそこに書き入れるようになったのは１９８０年を過ぎた頃からで、爆発的に普及したのは１９８９年、昭和が終わり平成になってからのことでした。

それとともに、世の中の動きは、驚くほど数字で見られるようになったのです。

さて、お金、試験の点数、偏差値、健康診断、カードでたまるポイント、パソコンのクリック率など、現在は「世の中、数字に支配されすぎているのではないか」という警告も出されているほどですが、それでも、やはり知っておかないといけない数字に関する言葉もあります。

特に、**会議や打ち合わせ、交渉で、一般的な共通用語がわからないと相手が何を言っているのかさえわかりませんし、そうした用語がないと話がやたら長くなってしまう**ことも少なくありません。

「近似値」「中央値」「平均値」「最頻値」などの用語は、社会人として知っておかなければならない基礎語彙です。

4つの値の違いがわかりますか？

「近似値」というのは、真の値、あるいは正しい値が算出できない場合、ないしは算出できてもその真の値を精確に反映する必要がない場合に使う数値のことです。

たとえば、円周率πは、3・141592……と割り切れないまま続きますが、小学校ではこれを3や3・14で計算します。これが「近似値」です。

それでは、**「中央値」**とはどのようなものでしょうか。

これはデータを小さい順や大きい順に並べて、中央に位置する値のことです。たとえば、5人の成績を並べてみた場合に、上位からでも下位からでも3番目に位置する人の点数が「中央値」となります。

「平均値」は、どうでしょうか。これは平均して得られた数値のことです。全部のデータを足し合わせて、データの数で割ったものになります。

たとえば、100点満点の試験を5人が受けて、それぞれが50点、60点、70点、

80点、90点を取ったとします。この場合、平均値は、50点＋60点＋70点＋80点＋90点＝合計350点。これを、試験を受けた人数の5で割ると70点という数字が出ます。これが「平均値」です。

それでは**「最頻値」**とはなんでしょうか。「最頻値」の「頻」という漢字は、「しき（りに）」と読みます。「いつも」「たくさんの」という意味の言葉です。

たとえば、5人が試験を受けて、それぞれ10点、20点、30点、40点、50点を取れば、最頻値はありません。5人がそれぞれ違った点数を取っているからです。

ですが、もし100人が試験を受けて、「50点取った人　10人」「60点取った人　20人」「70点取った人　40人」「80点取った人　20人」「90点取った人　10人」ということになると、「最頻値」は70点になります。つまり、一番多くの人が取った点数が「最頻値」になるのです。

会社での会議などでは、それぞれの業種によって数字を表す用語があると思うので、知っておいて損はない語彙になります。

相対的《そうたいてき》・絶対的《ぜったいてき》

――「他と比べて」と「ものさしに照合して」の違いで判断

「英語が上手」とは、どのくらい英語が話せることを言うのでしょうか。

たとえば「英語が上手」という言い方には、「他の人に比べて」という前置きをつけることができます。「他の人に比べて英語がよくできる」「他の人に比べて、英語で外国の人とコミュニケーションが取れる」という具合です。

しかしこの場合、どれくらい英語ができるのか、テストなどをして点数として評価されたものではありません。

「相対的」というのは、このように「何かに比べて」「他との比較で」「他との関係において」という意味です。

一方で、**「絶対的」という言葉は、「点数など誰が見ても明らかなもの」「ものさしのような基準と照合してみて、どうか」ということを示す**ものです。

「英語が上手」という例で考えてみましょう。その人は、同僚の人よりも英語を巧みに使って話すことができるかもしれません。しかし、TOEICや英検など英語ができる「能力」を測定する試験を受けてみると、一定のレベルに達していない結果が出ることもあるでしょう。

この場合、「相対的に見て、会社の同僚よりも英語は上手だが、絶対的に英語が上手というわけではない」となります。

ちなみに、今日では、学校に入学したり、会社に就職をしたりする場合に求められるのは、「他の人に比べて英語ができる人」ではありません。

社会が認める試験の結果として、「絶対的」に英語ができる能力を持っていることの証明が求められるのです。

相《そう》関《かん》関《かん》係《けい》・因《いん》果《が》関《かん》係《けい》

——「科学的な規則性」があるか否かで使い分ける

「相関」という言葉は「相関《あいかん》する」と読むことができます。「互いに関係し合う」「互いに関わり合う」という意味です。

一般的には、「一方が変化すれば、他方も変化すること」、数学や物理では「二つの量や現象が、ある程度相互に規則性を保って変化していくこと」を指して使われます。そのような関係が見られるものを、「相関関係がある」と言ったりもします。

ところで、「相関関係」と似た言葉に、「因果関係」というものがあります。

学生に聞くと、この二つの区別がよくわからないと言います。

「因果関係」の「因果」とは、「原因」の「因」と「結果」の「果」を合わせたものです。仏教では「因果律」あるいは「因果応報」などという言葉で使われます。

つまり、「ある原因によって、ある結果が起こること」です。

それなら、「相関」の意味である「互いに関係し合うこと」「互いに関わり合うこと」と同じではないかと思われるかもしれません。しかし「相関」の場合は、特に「一方が変化すれば、他方も変化する」というような、**変化の度合いに規則性が認められるような場合に使われる**のです。

ビジネスでもよく使われる二つの言葉の違いを、明確に理解しておくことはとても大切です。

「因果関係」は「原因」と「結果」であり、そこにはなんら規則や法則がなくても使えます。

それに対して「相関関係」は、そこになんらかの科学的な規則性があることが前提になるのです。

敷衍《ふえん》
――ビジネスに必要な「抽象的なものを具体的に説明する」能力

「難しい話は、簡潔に話す」「長くなりそうな話は、かいつまんで要点を話す」

これを意識すると、相手は話をよく聞いてくれます。ビジネスで相手と会話するときに最も重要なことは、まさにこの点に尽きるかと思います。

また「抽象的なことは具体的に」、「具体的なことは抽象化して」話すことでも、相手は話を聞いてくれるようになります。

さて、「敷衍（敷延《ふえん》）」というのは、まさしく**「抽象的なことを、具体的に説明す**

ること」を言います。

「敷」という漢字は、「布団を敷く」「風呂敷」「敷設」のように使われることが多いのですが、これはもともと「平らにして広げる」ことを意味する漢字だからです。布団や風呂敷などは、まさに平らにして広げて使う物です。

また「敷設」という言葉は、「鉄道の敷設」という使われ方をしますが、線路を広げ、鉄道網を拡大することによって多くの人が利用できる仕組みをつくることを言います。つまり、敷設とは、広い範囲に設置することを意味するのです。

少し古い言葉になりますが、昔は「大空」や「宇宙」のことを、「敷天《ふてん》」と書いていました。

「ふてん」という発音を聞くと、沖縄の「普天間《ふてんま》」を思い浮かべる人も少なくないかもしれませんが、実は「敷」と「普」は、発音が同じ「ふ」で、意味も非常によく似ているために、もともとはどちらで書いてもいいものだったのです。

さらに、「敷衍」を「敷延」と書いても、実はどちらも正しいのです。

「衍」という漢字は、「行」という漢字と「氵」とが組み合わさってつくられています。「行」という漢字は、もともとは、「(東西南北の) 四方向」に人々の足が行き交うことを表したものでした。また、「氵」は「水」です。このことから「衍」は、「水が、広く四方向に広がっていくこと」を表した漢字なのです。

さて、「延」という漢字はどうでしょうか。

よく見ると、「ノ」と「止」と「廴」が組み合わさっています。

これはそれぞれ、「ノ」が「伸ばすことを表す印」、「止」が「足」、「廴」が「引き伸ばすこと」を表しています。

「延期」「延引」「延納」「延々と」などの熟語で使われますが、どれも期日や話などをダラダラと引き伸ばすことを指す言葉です。

一方で、「衍」という漢字は、現在ではあまり使われる熟語がありませんが、「衍《えん》沃《よく》」(広々としてよく肥えた土地) や「蔓《まん》衍《えん》」(どこまでも広く伸び広がること) などという使われ方をします。

つまり「衍」と「延」は、形は違っても発音と意味はほとんど同じなのです。

敷衍することで、問題は解決しやすくなる

話が長くなりましたが、「敷衍」「敷延」の意味が「抽象的なものをおし広げて、具体的に説明すること」だとおわかりいただけたでしょう。

漢字とは、具体的な意味を記号に置き換える、抽象的な作業の結果生まれたものです。ですから、それを解釈するときには、できるだけ具体的なものに置き換える作業が必要です。これは、ビジネスにおいても、実は同じなのではないかと思います。日々の具体的な事象は、抽象的な理論を知ることによって、まとめて考えることができます。逆に、抽象的な理論を知っていれば、具体的な現象も理解しやすくなるのです。数学、物理などの近代科学によって行なわれてきた「分析と再構成」、あるいは「抽象と演繹《えんえき》」という方法です。

ビジネスにおける「敷衍（敷延）」とは、「抽象的なことを具体的に説明すること」だと覚えておきましょう。

コモディティ

——カタカナ語は分割してみるとわかりやすい

近年、「コモディティ（commodity）」という言葉がよく使われるようになってきました。この英単語は、TOEICで730点くらいを取る人に要求される語にランク付けされています。英英辞典には、「convenience, usefulness, suitability」または「something useful or valuable」とあります。

日本語に訳すと「便利なもの、有用なもの、ぴったりのもの」「使いやすくて役に立つもの」ということになります。

「コモディティ化」や「コモディティ投資」など、我が国でもビジネス用語として「コモディティー」が使われています。

日本語を理解するときに漢字の本来の意味から考えていくとわかりやすいのと同じで、**英語の場合も語源を辿《たど》る訓練をしていくと、いつの間にかなんとなく言葉の意味がわかり、そこから派生させ、語彙力を身につけていくことができます。**

たとえば、「コモディティ(commodity)」という言葉は、次のように分けることができます。

com-mod-ity

「com」というのは、「共に」「全く」という強い意味を表します。「共同体」を意味する「community」、「通信」などを意味する「communication」などの「com」は、まさにそういう意味です。

「med」は、「適切な処理をする」ということを意味します。「医学」の「medicine」、「熟考する」の「meditate」などがこれに当たります。ただ、漢字の形が時と場合によって変化するように、「med」は「mod」に変化し、「型にはめる」という意味を持つようになったのです。「model（規則、模型）」「mode（やり方、流儀）」などがこれに当たります。

さらに、「ity」という接尾語は、形容詞を名詞に変えるときによく見られるもので、「状態」や「性質」を表します。

さて、このように考えると、「commodity」という言葉は「全く」「型にはまった」「性質のもの」となり、これを合わせて「便利なもの、有用なもの、ぴったりのもの」という日本語訳になるのです。

いかがでしょうか。こんなふうにして考えていくと、辞書を引かなくても、だんだん英単語の意味をイメージすることができるようになるでしょう。

ビジネスでよく使われる「コモディティ化」

最近は「コモディティ化」という言葉で使われることが非常に多くなってきたよ

うです。これは、競合する商品同士の差別化されるべき特性が失われて、ブランド力などがなくなってしまうことを指しています。

つまり、「どの会社の物やサービスを買っても同じ」という状態です。

洋服、車、コンピュータなど、どのブランドの物を見ても、正直あまり大きな違いはわかりません。

すべてのものが平均化してしまうというのは、「一般化」という点においてはいいことなのかもしれませんが、特異性を失うことによって市場の競争力もなくなってしまいます。

コンテンツや商品内容、士業なども「コモディティ化する」とよく表現されます。

このように、**特徴が見えず、差別化ができないことを「コモディティ」と表現するのです。**

チャンクダウン・チャンクアップ

――「塊を下げる」「塊を上げる」とは？

先にご紹介した「敷衍（延）」と関係する言葉で、近年よく使われるようになった「チャンクダウン」「チャンクアップ」という言葉についても触れておきましょう。

「チャンク（chunk）」という言葉は英語では、「厚切りのパン」「チーズや肉の大きな塊《かたまり》」を表します。

「ダウン（down）」と「アップ（up）」は、もちろん「下げ」「上げ」です。

では、「塊を下げたり、上げたりする」というのはどういうことでしょうか。

わかりやすく言えば、「チャンクダウン」は「塊をほぐすこと」で、「チャンクアップ」は「細かいものを塊にすること」です。


たとえば、ある商品を売る場合を考えてみましょう。

物を売るためには、価格設定、販路の開発、宣伝など様々な問題を解決していかなければなりません。

また、宣伝方法と言っても、テレビ、ラジオ、フライヤー、インターネット、SNS、クチコミなどが考えられます。もちろんその前提として、商品の名前やデザインなどもきちんと考えなくてはならないでしょう。

こんなふうに、**大きな問題をどんどん細かくして具体化していくことを「チャンクダウン」**と言います。

これに対して、**一つひとつの具体的な問題をどのように解決していくかということを持ち寄って、そこに齟齬《そご》がないかどうかを考えていくことを「チャンクアッ**

プ」と言います。

これは、まさにヨーロッパのルネッサンスとともに出てきた発想の仕方で、「分析と再構成」とも言われていました。今でこそ、ビジネスにおいては当たり前の考え方ですが、実は、少なくとも東アジアでは、このような発想はあり得なかったのです。

我が国が明治時代以降、ヨーロッパ列強と肩を並べることができたのは、いち早くこの発想法を取り入れることに成功したからに他なりません。

「チャンクダウン」「チャンクアップ」という表現はよく使われますので、しっかりと意味を覚えておきましょう。

第4章

よく耳にするけど意味を知っている人は少ない語彙

忖度《そんたく》
――多くの人が誤った文脈で使いがちな日本語

この章では、よく耳にするけど、実は多くの人がしっかりと意味を理解できていない語彙についてお話ししていきます。

仕事をしていれば、よく「忖度する」という言葉を耳にします。

学生に忖度という漢字を見せて、「この字の読み方は?」と聞くと、5割以上が「すんど」と答えますが、もちろん間違いです。今は「そんたく」と読むのが正しいことになっています。

「正しいことになっている」というのはどういうことかと言うと、室町時代から江戸時代にかけては「じゅんど」という読み方が正しいとされてきたからです。しかし、明治時代を過ぎた頃からは、「そんたく」と読むのが正しくなりました。

もちろん、言葉は相手に伝わらなければ役には立ちません。

「昔はこんなふうに言うのが正しかった」といくら主張しても、相手がわかってくれなければ意味がありませんので、「じゅんど」という読み方もあったのだと、教養として知っておく程度でいいでしょう。

「呉音」と「漢音」の違いを知っておく

ちなみに、我が国には、漢字の読み方が四種類あります。そのうちの基本となる**「呉音《ごおん》」**と**「漢音《かんおん》」**の二つについて説明しておきましょう。

たとえば、「文」という漢字には「もん」という読み方と「ぶん」という読み方があります。

文部科学省　呪文　文字
文学　文章　文化　文芸
「ぶんぶかがくしょう」「じゅぶん」「ぶんじ」と読んだり、「もんがく」「もんしょう」「もんか」「もんげい」と読んだりしてしまえば、何を言っているのかがわからなくなってしまいます。

これは、同じ漢字でも「呉音」と「漢音」という読み方の区別があるからです。

古代の日本には、書き文字がありませんでした。

そこへ漢字が入ってきて、文書や書籍が書かれるようになるわけですが、794年に平安時代が始まるくらいまでは、漢字の読み方は主に「呉音」と呼ばれるものが使われていました。

これは、**中国の上海《しゃんはい》、南京《なんきん》周辺の呉の地方で使われていた漢字の発音に由来するもの**です。仏教用語や律令用語などに多く用いられ、現在まで残っています。

上海は揚子江の下流にあり、紀元前から文化が発達していました。ここから船を浮かべると、対馬海流に乗り、朝鮮半島や九州まで辿り着くと言われています。つまり、呉の地方で使われていた「呉音」の語彙が、日本に入ってきたのは自然なことだったのです。

「忖度」を「じゅんど」と読むのは、まさにこの「呉音」の読み方です。

ところで、遣唐使の「唐王朝」との交易によって、我が国の平安時代の文化が発達したことは、みなさんもご存じのことだと思います。

唐王朝の都は、現在の陝西省《せんせいしょう》西安市《せいあんし》、当時の名前では「長安」といいます。この長安がある地方は、古くから「漢」と呼ばれていました。

長安には、シルクロードを経て、インドやチベット、遠くは今のトルコやローマ辺りからも人々が訪れていました。まさに今のパリやロンドン、ニューヨーク、東京のような文化の中心地となっていたのです。

この長安で使われていたのが「漢音」という漢字の発音です。

「文」は、呉音では「もん」と発音されますが、漢音では「ぶん」と発音されました。「忖度」が「そんたく」と発音されるのは、「漢音」によるものなのです。

「裏から手を回す」という意味ではない!?

さて、「忖度」の意味ですが、これは「他人の心を推し量ること」です。使い方としては「相手の真意を忖度する」というように使われます。つまり**「本当のところ、相手はどんなふうに考えているのかな」と推量すること**です。

この言葉は難しい印象を受けるかもしれませんが、漢字の語源がわかればたいしたことはありません。

「忖度」の「度」から説明しましょう。

「度」は「温度」「湿度」などの言葉でも知られるように本来、暑さや寒さ、湿り具合などの「度合い」を知ること、測ることです。

このように、相手の思っていることの度合いを測る（推し量る）ために「度」という漢字がついています。

それでは「忖」とはなんでしょうか。

「寸」は、もともとの漢字の意味は「指一本の長さ」を表します。ですから「一寸先は闇」ということわざは、「指一本先の短い距離でも、足を伸ばせば、何があるかわからないから注意をしなさい」という意味です。

「忄」は「心」の字形から転じた偏で、心の働きを意味します。ここから考えれば、「忖」は「心を指一本分の長さ伸ばすこと」を表すことになります。

「忖」は、悪い言葉で言えば、「ちょっとだけ相手に探りを入れる」という意味になります。また、良い言葉で言えば、「相手のことを推し量って」という意味になります。

いずれにせよ、「忖度する」というのは、「相手の思うところが、どの辺りにあるかを知る」ことを意味する言葉なのです。

忖度という言葉は、地位が高い人や少し年配の人が多く使いますが、よく耳にする言葉でもあるので、知っておいてください。

相《そう》殺《さい》

——ビジネスとは切っても切り離せない、お金に関する用語

「相殺」は「そうさい」と読むのが正しいのですが、最近は「そうさつ」と読む人が多くなってきています。実は、「殺」という漢字を**「さつ」と読む場合は「殺す」という意味を表し、「さい」と読む場合は、「そぐ」「減らす」ということを意味する**のです。

ちなみに、このように同じ漢字であっても、読み方によって意味が変わるものに「説」があります。

多くの人が「説」を「せつ」と読むと思いますが、漢和辞典を見てみると、「せつ」以外に「えつ」という読み方が載っています。「せつ」という読み方であれば、これは「説き明かす」という意味です。ですから「説明」などと使われる場合は「せつ」と読みます。ところが、「えつ」と読むと、「よろこぶ」という意味になるのです。

さて、「相殺」という言葉の話に戻りましょう。

「そうさつ」と読むと、「お互いが殺し合う」という意味になりますが、「そうさい」と読むと**「二つのものが競合して互いにその持ち味や特色を損ねてしまう」**という意味になります。

たとえば、会社の合併があったとします。ここで「そうさつ」という言い方をすると、合併した会社それぞれが敵となり、相手が倒れてしまうまで争うという意味になってしまいます。しかし、「そうさい」なら、それぞれの持つ得意分野が失われてしまうくらいで、会社内部で決死の争いが行なわれることはありません。

相殺は、よくお金の話で出てくるので、ビジネスとは切っても切れない言葉です。社会人として、必ず知っておくべき言葉だと思います。

代替

——「だいがえ」という読み方は正しいのか

読み方が複数ある言葉に「代替」という熟語があります。

・しろがえ
・だいがえ
・だいたい
・だいがわり

このように、この熟語には四つも読み方があるのです。

ひとつずつ、意味ももちろん違います。

「しろがえ」と読むと、「品物を売って、金銭に換えること」、あるいは「物々交換をすること」という意味になります。

第二次世界大戦が終わってまもなく、食糧危機で都会から田舎に買い出しに行くような時代まで使われていましたが、最近ではほとんど使われません。

「だいがえ」と「だいたい」という読み方は、同じ意味で使われます。「他のもので代えること」を表します。

ビジネスの場では、この「だいたい」という言葉が頻繁《ひんぱん》に使われます。「代替案を出しなさい」などと、上司からよく言われるのではないでしょうか。

実は、**「だいがえ」というのは間違った読み方**です。しかし、「だいたい」と言ってしまうと、「大体」という言葉と同じ発音であるため、相手に意味を取り違えられてしまう可能性が少なくないことから、変則的に使われているのです。

「A君が休みなので、誰か〝だいたい〟しておいて」

と言われたら、あなたはどう捉えますか。誰かが「大体」でいいからA君の仕事をやればいい、という意味で解釈してしまうかもしれません。

「だいがえ」なら「代わりに誰かが」という意味で、間違いなく伝わります。

同音異義語は、前後の言葉に注目する

「大体」と「代替」、「漢字」と「感じ」、「放送」と「包装」、「愛情」と「哀情」など、同音異義語を挙げれば切りがありません。**同音異義語をどうしても使わないといけない場合は、間違った意味に取られないために、前後の言葉でそれらを補う必要があります。**

「かんじが違うね」では、漢字が間違っているのか、感じが違うのか、わかりません。もちろん、「どんな状況で使われているのか」がわかれば間違えることはない

のですが、状況がわからないときは、前後の言葉に注目して「彼が書いたかんじは違うね」であれば「漢字」だとわかりますし、「服のかんじで全く雰囲気が違うね」であれば、「感じ」ということがわかります。

それでは最後に、「代替」を「だいがわり」と読む場合の説明をしましょう。

実は、「だいがわり」には二種類の意味があります。

ひとつは、世代交代の意味で、社長などが替わることを言います。

そしてもうひとつは、取引相場で、相場が値上がりし、値段が今までの円位からその上の円位にかわることを言います。

ただ、後者の「代替」は今では「台替《だいがわ》り」と書かれるようになり、さらに取引が口頭ではなくコンピュータで行なわれるようになってしまったために、ほとんど使われなくなってしまいました。

このように、時代の変化とともに使われなくなり、忘れ去られる言葉というのも少なくないのです。

順《じゅん》次《じ》・逐《ちく》次《じ》・随《ずい》時《じ》

――「受身」「能動」「条件」が使い分けるコツ

あるとき、「3歳以下の子どもは、入れません」と書いてある児童館のイベント看板の前で、ちょうど3歳くらいの女の子を連れたお母さんが悩んでいました。

そこへ、同じくらいの年の子を連れたお母さんが現れ、係の人を呼び「うちの子は3歳になったばかりなんだけど、入っていいのかしら」と聞きました。

係の人は、「3歳未満ももちろんですが、3歳以下もダメです」と答えて、さっさと中へ入ってしまいました。

「以下」「未満」というのは、日常的に使われる日本語で、知っておかなければならない言葉の使い分けのひとつです。

漢文では「未満」は、**「未《いま》だ、満ちず」**と読みます。つまり、「3歳未満」は、「まだ3歳に満ちていない（3歳になっていない）人」となります。

「以下」は**「以《もっ》て、下」**と読み、「3歳になった人も含めて、それより下」という意味になります。

つまり、先ほどの児童館の係の人は、「3歳になっていない人はもちろん入れませんし、3歳になった人も入れません」と言ったのです。

しかし、この場合、看板には「4歳以上の人なら入れます」と書いたほうが親切だったと思いませんか？ これなら、「4歳」と書いてあるので、3歳になったばかりの子どもを連れたお母さんが悩むことはなかったでしょう。

また、別の日にある渓谷《けいこく》に行ったとき、吊り橋があり、「100キロ超の人は、危険ですので渡らないでください」と書いてありました。そして、その吊り橋の前で、体の大きな男性が悩んでいました。

おそらくその人は、100キロを超す体重があったのだと思います。橋の50メートルほど下には、ゴツゴツした巨岩が見えます。渡ろうとして、もし、橋が落ちたら、命に関わる事故になることは必至です。

「昨日、体重を量ったら97キロだったので、渡っても大丈夫でしょうか」と、通りがかりの私は尋ねられたのですが、「難しいところですね」と答えるしかありませんでした。

私は高所恐怖症なので、橋を渡らずに遠回りをして山を越えたのですが、その人も結局、同じ遠回りのルートを辿られたようでした。

この「100キロ超」という言い方は非常にあいまいな言い方ですが、「100キロを超えている」という意味なので、実は100キロの人は当てはまりません。97キロの人も100キロの人も渡ることができるのです。吊り橋の前に書いてある文言は、「100キロより1グラムでも体重が重い人は、危険ですから渡らないでください」という意味になります。

「随時」＝「いつでも」ではない

似たような言葉に、「順次」、「逐次」、「随時」という言葉があります。**「順次」**という言葉は、「順番に次々に」と読み替えるとわかりやすいのではないかと思います。

「順々に」とか「順繰りに」ということを表す言葉です。特に室町時代くらいまでは、「年を取った順番に、人は亡くなるものだよ」などという意味で「順次」は使われていました。

さて、それでは**「逐次」**というのはどういう意味でしょうか。

「逐次」というのは、実は古くからある言葉ではなく、明治時代になってから新しくつくられた言葉です。

「駆逐」という言葉から「駆逐艦」という軍艦の種類をイメージする人も多いかも

しれませんが、「逐」という漢字は、本来は「追い詰めること」を意味します。

そのため「逐次」というのは、「順次」のように「年を取った人から順番に」という優しい受身的なものではなく、もっと能動的に「はい次！　はい次！」と追い詰めるように「次から次に」物事をこなしていくような順番のことです。

週刊誌、月刊誌、季刊誌、年刊誌などを「逐次刊行物」と呼びますが、こういう物を出す側は、〆切に「逐《お》われるように」原稿を書き、編集をしなければなりません。

時間に追われる「逐次」という言葉が、明治時代になってから現れたのは、時計を一般の人たちも腕にはめるようになって、時間の感覚が身近になったことと無関係ではありません。


さて、もうひとつ、**「随時」**という言葉も説明しておきましょう。

「随時、ご入会いただけます」という文言を、スポーツジムなどの看板で見ることがよくあります。

なんとなく「いつでも入会できますよ」という意味で使われていると、思っている人も少なくないのではないかと思います。「いつでも入会できる」のであればそう書けばいいのに、どうして「随時」と書かれているのでしょうか。

それは実は、「随時」と「いつでも」の意味が違うからです。

「随時」は、「時に随《したが》って」と読むことができますが、これは本来「そのときの条件に従って」という意味なのです。

「今月は入会金が無料です」「今月入会された人だけ、1カ月の会費が無料になります」「今月入会した人には、スポーツタオルを進呈します」など、スポーツジムなどではいろいろなキャンペーンをやっています。

「そのときのキャンペーンの条件に随って、入会いただけますよ」というのが、「随時入会」の意味なのです。

「順次」「逐次」「随時」は似たような言葉でも、それぞれ意味に違いがあるので、使うときには注意が必要です。

汎用《はんよう》

――「ぼんよう」と読んでしまいがちな頻出語

「汎用機として発売された製品」、「汎用性の高いシステムで、とても使い勝手がいい」という文言をよく見かけます。

「汎用」を「ぼんよう」と読む人が増えてきていますが、「はんよう」と読むのが正しい読み方です。「ぼんよう」と読む漢字は「凡庸」です。

「凡」と「汎」の使い方を間違わないために、それぞれどのような違いがあるのかを説明しておきましょう。

「凡」という漢字の「几」は、何に見えますか。

これは、「大きな板」や「大きな布」の形を真似て描いたものです。そして真ん中の「丶」は、「この板ですよ！」「この布ですよ！」というように、指でそれを指し示すことを意味します。

それでは、大きな板（大きな布）とは、一体何を意味するのでしょうか。それは、「全体を大きく覆っていること」です。

ですから**「凡」という字には「凡《おおよ》そ」という意味がある**のです。「おおよそ、大体こんな感じですよ」という文脈で使われます。

この漢字を使った熟語で最も使われるのは「凡人」「凡庸」です。「凡人」は「だいたいの人」、「凡庸」は「だいたい普通のこと」というのが本来の意味です。つまり、「特別変わったところがあるわけではない人（もの）」や「つまらない人（もの）」を表します。

「凡人」「凡庸」の「凡」は「ぼん」と読みますが、もうひとつ、この漢字を使った熟語でよく使われるものに「凡例」というものがあります。これは「はんれい」と読みます。

どうして「ぼん」と「はん」の二つの読み方があるのでしょうか。

先に「呉音」と「漢音」という話をしましたが、「ぼん」は呉音、「はん」は漢音の読み方になります。

読み方によって意味が変わるわけではありません。ただし、一般的に古い仏教の言葉で使われるような言葉は「ぼん」と読まれることが多く、新しい思想や科学技術などで使われるような場合には「はん」と発音される傾向があるのです。

ちなみに「凡例」とは、書物のはじめに書かれている、その本の記述の方法などの約束事のことです。

「汎」は「氾」とほとんど同義

それでは、「汎用」という言葉でよく使われる「汎」という漢字は、「凡」とどのような違いがあるのでしょうか。

「氵」がついた「汎」は、「凡」に比べて、積極的な意味があります。それは、「汎」に「ぼん」という読み方がないことと無関係ではありません。

「汎」は「氾」と同じ意味で使われる漢字です。「川の氾濫《はんらん》」などの言葉で使われる「氾」で、「水があふれる」ことを意味します。

つまり、**「凡」が上からものを覆うことを意味するのに対して、「汎」はその覆う範囲をどんどん広げていく力を持っています。**ですから「汎用性がある機械」とは、本来の作業をするためのものという枠を越えて、使い方によっては、応用して別の利用もできる機械という意味なのです。

「凡」が「おおよそ」という意味であるのに対して、「汎」は「あまねく」「あふれる」という意味があります。

たとえば、広く人を愛するというのに「博愛」という言葉がありますが、これを「汎愛」と書くと、「もっと大きくあふれるような愛で、人を愛する」という意味になるのです。

セグメンテーション

――常識として知っておきたい「マーケット用語」

「セグメント」という言葉をご存じでしょうか。

「二つの点に挟まれた直線の部分」という意味で使われる線分（ライン・セグメント）という言葉があります。アメリカ人の子どもは小学生のとき、算数の授業でこの言葉を習います。

次に彼らが実際の生活の中で覚えるのは、「マンションの区分所有」という意味での「condo segment（コンド・セグメント）」です。「コンド」とは、マンションのことを指します。

ところで、こうした言葉から派生して、「セグメント」あるいはその動詞を名詞化した「セグメンテーション」という言葉が、マーケット用語として使われます。

「セグメンテーション」とは、「市場の細分化」のことです。

あらゆる人のあらゆるニーズに対して宣伝広告をしても、その8割ほどはムダになると言われています。

そこで、「若者向け」「女性」「冬物」「衝動買い」「50代」「男性」「レトロ」「ボーナス商戦」など、購買層のターゲットをどんどん分割して、そこに集中的に宣伝を注入するのです。

現在のように、多様化が進み、インターネットであらゆるものが検索され、すぐに消費者から評価される時代には、特に「セグメンテーション」をどのように絞っていくかが、マーケティングにおいて重要なファクターになってきます。

セグメンテーションという言葉を知っていれば、会議や商談の場でもスムーズに話が進みますので、知っておくべき言葉のひとつでしょう。

傍《かたわ》ら痛《いた》い・片《かた》腹《はら》痛《いた》い

——読み方は似ていても、意味は全く違う

「傍ら痛い」とは、**「そばで見ていてハラハラする、気の毒に思う」「恥ずかしく思う、きまりが悪い」という意味**があります。一方、それと似た言葉の**「片腹痛い」は、「おかしくてたまらない」「笑止千万である」という意味**があります。

会議などで人の話を聞きながら、「こんなこと、言わなければいいのにな……」と思うことが時々あるでしょう。この人のプレゼンはいつも一言多い……、他の人の意見に対してすぐ感情的になる……。

このように、「見ていてハラハラする」ときに「傍ら痛い」を使います。つまり「側にいたり側で見ていて、痛々しく感じてしまう」という意味で使われるのです。

平安時代後期、今からちょうど1000年ほど前に書かれた『源氏物語』（若紫巻）に、この言葉が出てくるシーンがあります。

美しく高貴な源氏の君が、突然「側を通りかかったので」と言って、病気でふせって部屋を汚くしている人のもとにお見舞いにやってきます。

源氏の君は、そんな汚い部屋を気にしません。ですが、源氏の側にいる人たちは、「病気でいる人は、きっと気を遣うだろうにな」と気を揉《も》んで「傍ら痛し」と思ったのです。

たとえば、使い方としては、同僚に「あのときのプレゼンで、課長はまた余計なことを言い始めただろう。ここまで何カ月もかけて練ってきたプロジェクトだと君から聞いていたから、課長の余計な言葉で計画が台無しになるのではないかと、僕は『傍ら痛く』思いながら聞いていたよ」といった具合になります。

「片腹痛い」は親父ギャグから生まれた!?

ただ、この「かたわらいたい」に似た「かたはらいたい」という言葉には、「笑止千万」という意味もありますので注意が必要です。その場合は、「片腹痛い」と書きます。

おかしくておかしくてたまらないと、笑っているうちにお腹が痛くなることがあります。この笑いすぎてお腹の筋肉がひきつることを「片腹痛い」と表現するのです。

この言葉は、室町時代頃から使われ始めました。そして、明治時代には二葉亭《ふたばてい》四迷《しめい》が『浮雲』の中で次のように使っています。

「『それだから此《この》息子は可愛いよ。』片腹痛い言《こと》まで云ッて」

つまり「つい笑ってしまうようなことを言う」という意味で、二葉亭四迷は使っているのです。

私は仲間と年に一度、都内の料亭で落語家さんを呼んで、おもしろい話を聞きながら食事をする会をやっています。

この会には、太鼓持ち芸人がひとりいらっしゃるのですが、この人はおかしなことを見たり聞いたりしたときに、ただ「おかしいよ！」と言うのではなく、笑いながら「ああ、片腹痛い」と言います。非常に粋な使われ方をする言葉です。

日本語には、外国の言葉に比べて、とても多くの同音異義語があります。「はし」という同音でも、漢字で書けば「箸」「端」「橋」と、いくつもの異なる意味の言葉になります。

この同音異義語を使っての言葉遊びを今日では「親父ギャグ」などとも呼ばれたりしますが、「片腹痛い」という言葉も平安時代末期の「親父ギャグ」から生まれました。「あの人のことを見ているとハラハラする」と「傍ら痛く」思いながら、実は、「笑ってしまう」という意味で使ったのが広く普及したのです。

斟酌《しんしゃく》する

――お酒を「くむ」ように、相手の気持ちを「くむ」

「忖度」と合わせて覚えておくといい言葉があります。それは「斟酌する」という言葉です。

「斟酌のない批評」

「未成年者であることを斟酌して責任を問わない」

「何卒《なにとぞ》かかる事情をご斟酌いただき、ご了承いただきますようお願い申し上げます」

……など、こういった具合に使われます。

「斟酌」の意味は、「忖度」とよく似ているのですが**「相手の事情や心情を汲《く》み取ること」**、また**「汲み取って手加減すること」**から派生して**「遠慮すること」「言動を控えめにすること」**という意味でも使われます。

ですから、「斟酌のない批評」は、「はっきりとしていて、遠慮も手加減もない批評」ということになるのです。

「斟酌」と「忖度」は、ニュアンスが少し異なる

漢字の語源から説明しましょう。

この「斟酌」という漢字は、「斟」も「酌」もお酒に関係する言葉です。

「酌」は、今でも「酌をする」という言葉で使われますが、本来は、瓶《びん》に入ったお酒を、柄杓《ひしゃく》で汲み出すことを意味していました。つまり、相手にどれだけお酒を汲んで、注いであげようかと考えることです。

同じように「斟」も、右側の「斗」という長い柄のついた柄杓でお酒を注ぐという意味です。「斟」の左側の「甚」は「はなはだ」と読みますが、「とてもおいしいお酒」という意味です。

「未成年であることを斟酌して責任を問わない」というのは、「未成年であることを考慮して」という意味になるでしょう。

また、どうしようもない事態になって仕事の責任などを負うことができなくなった場合のお詫《わ》びの手紙で、「何卒かかる事情をご斟酌いただき、ご了承いただきますようお願い申し上げます」と表現することがありますが、「ご考慮を賜り」という言葉で言い換えることができます。

先に述べた**「忖度」という言葉が「相手の心を推し量る」ことであるのに対して、「斟酌」のほうは、「相手の心を推し量った上で、それに処置を施す、対応する」という行動が入ってくる**ことを覚えておくといいでしょう。

忖度と同様に、斟酌も地位のある人や年配の人はよく使いますので、しっかり意味を理解しておきましょう。

第5章

多くの社会人が誤用してしまっている語彙

的《まと》を射《い》る

——的は「得る」ものではなく「射る」もの

この章では、そもそも間違って覚えている人が多い語彙、誤用してしまいがちな語彙を紹介していきます。

「言い間違い」が世間に定着してしまうことは、昔からよくあるものです。

たとえば「新しい」という言葉を、どう読みますか？

「あたらしい」と読む人がほとんどだと思います。しかし、本来は、この読み方は間違いなのです。

本当は、「あらたしい」と読むのが正しいのです。

実際に「新たな心境」「新たな土地」「新たな年」という言葉を「あたらな心境」「あたらな土地」「あたらな年」とは言いません。「あたらな」と言ってしまうと、「当たらない」という否定的な捉え方をされてしまう可能性があるため、「あたらしい」という読み方が適用できなくなっていったのです。

こんなふうに考えると、言葉というのは、生物が環境に適するように進化するのと同じように感じられて、とてもおもしろいものです。

さて、**最近では「的を射る」という本来の言い方を間違えて、「的を得る」と言っている人が多い**ように思います。

でも、よく考えてみてください。

「的」というのは、弓道で使われるものです。本来なら、的はやはり「矢」で射るものでしょう。それなのに、「的」ごと手に入れてしまっては、矢を射ることさえできなくなってしまいます。

弓道やアーチェリーなどのスポーツをする人でなければ、「的」というものを実際に見る機会はあまりないかと思いますが、古代の日本や中国では、「弓」は君子にとって重要なたしなみだとされていました。

的の中心を射るイメージで

「的を射る」ときには、もちろん、的の真ん中を狙うわけですが、矢が真ん中を射た状態を書いたのが「中」という漢字です。

「中」を反時計回りにして90度回転させてみると、矢が的の真ん中に当たって貫く様子を表していることがわかると思います。

「中」という漢字に「あたる」という読み方があるのには、こうした理由があるのです。

「中」というのは、「中庸」という言葉で説明される徳目です。

漢文では「過不足ないこと」が「中庸」であるとされており、「過ぎてもダメ、足りなくてもダメ、すべてにおいてちょうどいい状態」を表します。中庸であることは、最も難しいことです。

つまり「的を射る」は、「中庸である」と言い換えることができるでしょう。

「的確に要点を捉える」というのが「的を射る」の意味ですが、的確であるためには、的の中心を射るように、狙いを定める必要があります。

そして、そのためには心を落ち着けなければなりません。

心を落ち着けて、今から使おうとする言葉も、一度「これで正しいのかな」と考えてみると、「的を得る」のような間違った言葉も使わなくて済むようになるでしょう。

ついつい使ってしまう「的を得る」という言い方ですが、正しくは「的を射る」ですので、注意が必要です。

言葉《ことば》を濁《にご》す

――6人に1人が間違って使っている

基本的に日本語では、語頭に濁った音（濁音）を置くことを嫌います。というより、語頭に濁音がある倭言葉《やまとことば》は、『古事記』や『日本書紀』『万葉集』などという古代の本には、全くと言っていいほど出てきません。

後世、たくさん濁音で始まる和語は出てきますが、それらは、ほとんど良くない意味の言葉です。

そして、「濁る」という言葉も、あまりいい意味ではありません。

「言葉を濁す」という言葉を聞いたことがあるでしょう。

最近では、こういう表現を使うより、「ごまかす」という言い方をされるほうが多いようですが、**「ごまかす」という表現は幼稚な印象を与えてしまいますし、品格を感じられる言葉ではありません。**

「ごまかす」は、「誤魔化す」と漢字を使って書かれることもありますが、実はこれは当て字で、「ごまかす」は倭言葉のひとつです。

「ごまかす」は、「ご」という濁音で始まっています。

ほかに少し、濁音で始まる和語を出してみましょう。

「がらくた」「ぎとぎと」「ぐうたら」「ごみ」「ざんばらがみ」「じろり（と見る）」「ずうずうしい」「ぜに」「だらだら」「ずるずる」「ぜーぜー」「ぞろり」……。

これくらいにしておきましょう。

「さらさら」だときれいな感じがするのに「ざらざら」と言われたり書かれたりすると、少し嫌な感じがします。

ごまかすときに濁すのは「口」ではない

さて、「言葉を濁す」の話に戻しましょう。

この言葉は、都合が悪いことなどを「あいまいに言う」とか「はっきり言わない」ことを意味します。

もちろん江戸時代やそれ以前も、都合が悪いことなどを「あいまいに言う」、あるいは「はっきり言わない」ことはあったとは思うのですが、おもしろいことに、**明治時代以前の語彙にはこのような表現がひとつもない**のです。

古代の日本人は、もしかしたらこのような場合は「言葉を濁す」よりも、黙って口を閉じてしまっていたのかもしれません。

「言葉を濁す」という言葉は、別の言い方をすると、「言葉をぼやかしてしまう」ことになります。

はっきりきれいに発音すべき事柄をモゴモゴ、マゴマゴと口の中で言葉を呑みこむような言い方をしてしまう。そのぼやかし方から、いつの間にか「口を濁す」という表現が使われるようになったのです。

2016年度に行なわれた文化庁の「国語に関する世論調査」によれば、「口を濁す」という表現を使う人は17・5%、「言葉を濁す」を使う人が74・3%、「どちらも使う」が3・9%、「どちらが正しいかどちらが間違っているかわからない」という人が1・4%という結果が出ています。

ちなみに、2005年度に行なわれた同調査では、「口を濁す」と答えた人が27・6%もおり、だんだんと誤用する人が少なくなってきてはいますが、それでも私の観察では、「口を濁す」を使っている人はまだ多く残っている気がします。

もちろん、まだ今のところ、「口を濁す」という言い方は誤用であることになっています。

つい「口を濁す」と言ってしまいがちですが、正しくは「言葉を濁す」だと知っておいてください。

耳《みみ》をふさぐ

――「耳をそむける」ことはできない

古代中国の歴史書の中で最も有名な本に、司馬遷《しばせん》という人が書いた『史記』があります。

横山光輝《みつてる》の漫画にもなっていますし、司馬遼太郎（本名、福田定一《ていいち》）は、「自分は、司馬遷には遼《はる》かに及ばない」と言ってペンネームを「司馬遼太郎」としたという逸話も有名なので、司馬遷の『史記』を知っている人も少なくないと思います。

さて、その『史記』の注釈書『史記正義』に「耳を洗う」という逸話が載せられています。

昔々、中国で初めて帝となった堯帝《ぎょうてい》は、廉潔《れんけつ》な人物として知られていた許由《きょゆう》に、天下を譲りたいと言いました。

すると、許由は、「とんでもない。そんな言葉は聞きたくない。しかし聞いてしまったからには、この耳を洗わずにはいられない」と言って、潁水《えいすい》（中国河南《かなん》省臨《りん》潁《えい》県を流れる川）で耳を洗ったと言われます。

さて、もうひとりの巣父《そうほ》という人物も、堯帝から同じように「天下をあなたに譲りたい」と言われました。

巣父も耳を洗おうと牛を引いて潁水に来たのですが、そこで許由が耳を洗っているところを見て、その理由を聞きました。

理由を聞いた巣父は、そんな汚い言葉を洗った水を牛に飲ませるわけにはいかないと言って、なんと牛を潁水の上流に引いて行きました。

耳に入れたくないときの行動で考える

聞きたくない言葉を聞いてしまったときには、この故事のように「耳を洗う」と言います。

しかし、嫌なことを言われている間は「耳をふさぐ」しかありません。この言葉は室町時代からあった表現で、別に「耳を閉ざす」という言い方もありました。

ところが、**最近、「耳をそむける」と言う人が増えています。**

「そむける」という言葉は、漢字では「背ける」と書きます。

「背」は、下部の「肉月」に「北」という漢字が上に載っています。

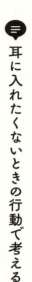

先にも述べましたが、「北」というのは、もともと人が反目し合っている様子を描いたものです。

しかし、見たくないものから「眼をそむける」ことはできても、聞きたくないものに対して「耳をそむける」ことはできません。

音が入ってくる耳の穴を「ふさぐ」か「閉ざす」ことによってしか、嫌な情報から逃れることはできません。

このように考えることで、「耳をそむける」という言い方は、間違っているとわかるでしょう。


ところで、嫌なことを聞いたときに表現する「耳を洗う」という言葉ですが、この言葉の影響を受けて、本来はなかった**「眼を洗う」という言葉が、我が国では江戸時代に流行ったことがあります。**

「嫌なものを見たよ、眼を洗わなくちゃ」という使われ方をしていたのですが、これは「耳を洗う」という故事を知っている人たちが冗談で使っていたものだったのです。

溜飲《りゅういん》を下《さ》げる

――「溜飲」の意味を理解すれば、間違えることはない

「胸をすっきりさせる」

「不平・不満を解消して気を晴らす」

という意味の言葉に「溜飲を下げる」があります。

「溜飲」とは、本来は「胃の消化作用が不調となり、酸性のおくび（げっぷ）が出ること」を言います。

しかし、「溜飲」と言われても、多くの人は意味をよく知らないでしょう。

実は「溜飲」という言葉は、江戸時代の中頃、1800年頃から流行り始めたのですが、当時はみんな、わかるようなわからないような、なんとなくかっこいい雰囲気の言葉として使っていたものなのです。

「酸性のおくび」である「溜飲」は、「胃が痛くなってしまいそうな心配事、不平、不満、恨み」を表します。

たとえば、テレビドラマなどで、憎らしい悪い奴がとうとう尻尾を出して、みんなから顰蹙《ひんしゅく》を買い、警察に捕まる、という場面を想像してみてください。

この悪い奴がいることで、話が暗い方向に進んでいた。しかし、その悪い奴が警察に捕まって悪事がすべて暴かれる。まるで、先ほどまで垂れ込めていた暗雲が消え去り、青空が広がるような気がします。

このような清々《せいせい》した気持ちになったときに、「溜飲が下がった」という使い方をするのです。

ただ、「清々する」という言葉は、「気が晴れる」と言い換えることもできます。

そのため、本来なら「溜飲という、げっぷを出す嫌な胃酸が胃の中に落ちていってくれる」という意味で「溜飲が下がる」と使わなければならないところを、「溜飲が晴れる」という誤った言い方が使われるようになってきました。1980年代のことだと言われています。

誤用する人が、年々増えてきている

2017年度の文化庁による「国語に関する世論調査」では、「溜飲が下がる」という使い方をする人が37・4%に対して「溜飲を晴らす」という言い方をする人が32・9%もいると報告されています。

2007年度の同調査では、「溜飲が下がる」という使い方をする人が39・8%だったのに対し、「溜飲を晴らす」という使い方をする人は26・1%でした。

つまり、**「溜飲を晴らす」と誤用する人は着々と増えてきている**のです。

さらに、最近では「溜飲を下げる」という言い方さえ、そもそも知らない若者が増えてきているのも事実です。

私が、学生を対象にしている漢字教室で試験を実施したときも、多くの学生が「溜飲」を読めませんでした。


ちなみに、夏目漱石は『吾輩は猫である』の中に、

「じいさんが障子をあけると二日間の溜め呑みをやった煙草の煙りがむっとするほど室のなかに籠ってるじゃないか」

と書かれています。

「ある期間中呑むことのできなかったもの、あるいは飲むことができないものを、まとめて一気に飲むこと」を意味する「溜め呑み」という言葉は、明治時代の小説ではよく「溜飲」と書かれていました。

「溜飲が下がる」は、「溜飲が晴れる」と誤用してしまいがちですが、みなさんは正しく使用しましょう。

踏襲《とうしゅう》

――「襲」の本来の意味は「攻める」「襲う」ではない!?

「踏襲」とは、前人のやり方などを受け継ぐことです。

以前、ある高校の先生からお手紙をもらったことがあります。

「『踏襲』という言葉は踏みつけて襲うと書くのに、どうしてこれが『先人の説をそのまま受け継ぐ』という意味になるのか教えてほしい、と生徒が言うのですが、私にもわからないので教えていただけませんか」

という内容でした。

たしかに「踏む」は「ふむ」と読みますが、その踏み方はペタペタと足踏みをするような踏み方です。**「踏」は「舞踏」という熟語でも使われますが、本来はとても高貴な意味で使われる言葉**でした。舞踏とは、神様への捧げ物として行なわれた行為で、古代中国では神様と言えば「先祖の霊」を指しました。

実は、踏むとは、「先祖が敷いてくれた道を自分たちも踏んで歩いて行きます」という感謝を込めた「轍《てつ》を踏む」という意味を持っているのです。

次に「襲」ですが、たしかに「襲撃」とか「襲来」などという熟語で使われて、少し怖いイメージがあります。しかし、もともとこの漢字は、平安時代の貴族の女性が着た「かさね」(十二単)のように、何枚も衣服を重ねて着ることを指します。

つまり、これも先祖が着ていた衣服に、自分の衣服を重ねて着るという意味で、**先祖の衣服(業績)を大事に守っていくという意味を表す**のです。

ですから、古代の中国では、帝位を譲られて継ぐことを「帝位を襲う」と表現しました。決して「奪い取る」という意味ではありません。

よく使っている漢字には、深い意味が込められていることも少なくありません。

瑣末《さまつ》・些末《さまつ》

——「重要でない小さいこと」を表現するための日本語

「瑣末」とは、重要ではない小さなことを意味する言葉です。

「瑣」という漢字は、「小さい石」「細かくなった玉」を表します。「瑣末」の「瑣」は読めなくても「鎖骨《さこつ》」という漢字は読める人が多いのではないでしょうか。「鎖」は「くさり」と読み、つなぎ合わせた金属製の小さい輪っかのことを表しています。一方「瑣」の「王」ですが、本来は「玉」と書かれるもので、これは小さな翡翠《ひすい》、水晶のようなものを表します。要するに、金属と石との違いはあるものの、**「鎖」も「瑣」も、どちらも「小さいもの」を指している**のです。

さて、「些末」の「些」についても記しておきましょう。

「些」は、日本語では「いささ（か）」という読み方でも使われます。「些か、伺いたいことがあるのですが」といったように使われるのです。

また、「些と」と書いて「ちと」「ちっと」と振り仮名を付けた使い方が、夏目漱石の小説など明治・大正時代の文学作品にも見られます。「いささか」「ちっと」、これも別の言い方で言えば「ほんの少し」という意味になります。

「些細なこと」という言い方もあり、これは「ささい」と読むのです。

ちなみに、「些末」を「しまつ」、「些細」を「しさい」と間違って読みやすいのは「仔細《しさい》」という言葉があるからでしょう。

「仔細」も「細かなこと」という意味なのですが、読み方という観点からすれば、こちらには「子」という漢字が見えますので、「子」の音読みである「し」を思い出せば「しさい」と読むことができるのではないかと思います。

惹起《じゃっき》

――「若」は「年齢が浅い」という意味だけではない!?

「相手の気を惹く」

「視聴者を惹きつけるための演出」

など、「惹」という漢字を「ひ（く）」と読むことが多いからだと思いますが、「惹起」を「ひきおき」と読む人が非常に多いものです。

「惹起」は、「じゃっき」と読みます。

事を惹き起こすこと、事件や問題となる事柄などを惹き起こすときに使います。

悪いことを「惹き起こす」ときに多く使われますが、必ずしもそうとは限りません。

「そのことが重大な国際問題を惹起させた」

「独立運動の感情を惹起することになった」

「自分がそういう問題を惹起するもとになるとは、思いもしなかった」

「いろいろな連想を自由に惹起させる」

……などと使います。

「固まっていない心」に働きかける

ところで、少しだけ「惹」という漢字の意味を記しておきましょう。

「惹」は形を見るとわかるように、「若」と「心」が合わさってできた漢字です。

「若」という漢字は、「年齢が浅い」という英語の「ヤング」などの意味で使われますが、実は、**それは「やわらかい、なよなよしている、柔軟な、じんわりとした」という本来の意味から派生したもの**です。

つまり「惹」というのは、そうした「心」を表しているのです。
ですから「惹き起こす」というのは、まだ固まっていない柔軟な要素から、様々に枝分かれした思考や問題がどんどん出てくることを意味します。

相手の心を「惹きつける」の意味も、そういうふうに考えるとわかりやすいかもしれません。

年齢の問題ではなく、相手の心がまだ固まった決心に至っていない、なよなよとした状態であれば、そこに意見を出したり、思いを伝えたりすることで、相手の心をこちらに向かわせることができます。これが、「惹きつける」です。

「相手の気持ちを起こして、こちらに惹き寄せる」という意味を、しっかり覚えておきましょう。

第6章

感情を うまく表現するために 身につけておきたい語彙

真摯《しんし》

――「素直さ」だけでは、社会人として不十分

社会人として、相手や自分の心の状態を理解したり、伝えたりすることは非常に大切です。ポジティブなこともネガティブなことも、両方うまく表現できる人が評価されていきます。

長年、学生に接していると、「この学生は伸びるだろうな」と思うことがたまにあります。伸びる学生に共通して言えるのは、素直であることです。

私が尊敬する人物のひとりである松下幸之助の言葉に、

「素直な心になりましょう。素直な心はあなたを強く正しく聡明《そうめい》にします」

というものがあります。

『リーダーになる人に知っておいてほしいこと』（PHP研究所）という本で、松下幸之助は、この言葉をわかりやすく次のように解説しています。

「素直になれば、ものの実相がわかる。色眼鏡で見ない、とらわれた心で見ないから、みなよくわかるだろうと。赤い色は赤く見える、黒いものは黒く見える。まあ本質がわかる。そういう心を養っていくと、正しくものを見られる。したがって賢くなり、聡明になってくる。聡明の極致は英知というか、その上は神知、神の知恵ですな。素直な心になれば、次には神の知恵になるという考え方をぼくはもっているんですよ」

素直な心であることは、もちろん大切なことです。しかし、素直な心にも、それを方向付けるベクトルのようなものがなければ、それは「素直」だけで終わってしまう可能性があります。

たとえば、「素直でいいな、伸びそうな学生だな」と思っていても、「何を見たいか」「何を知りたいか」という目的に向かう力がないと、いつまで経ってもその学生は素直のままで、卒業間近になっても「いつになったら、伸びるのかな」と感じられてしまうことになるのです。

そのベクトルというか「これを明らかにしてやる」というやる気を示すのが、「真摯さ」ではないかと私は考えています。

「真摯」＝「正しいベクトルのやる気」

漢字から「真摯」という言葉の意味を説明しましょう。

「真」は、旧字体では「眞」と書きます。上部の「匕」は、さじを表します。下の部分は、神様にお酒やお料理を捧げるときに使う「鼎《かなえ》（金属製の器）」です。

つまり「眞（真）」という漢字は、身体と心を浄《きよ》めた神官が、神様に向き合っている「真心」を表しています。

松下幸之助の言葉を使って言うなら、「素直な心になれば、次には神の知恵になるという考え方をぼくはもっているんですよ」という部分が、本来の「真心」という意味になるのではないかと思います。

では、次の難しい漢字、「摯」とはなんなのでしょうか。

これは「儀式を執り行なう」とか、「法令、裁判、行政などを執行する」という場合に使う「執」と「手」という漢字で成り立っています。

「執」という漢字は、両手を縛られている状態を表しており、決められたことを間違いなく行なうことを意味します。

つまり「摯」は、こうした意味の「執」にさらに「手」がつけられることによって、なんとしてもその儀式や裁判、行政などを実行することを意味するのです。

正しいベクトルに向かっている、どんなことがあっても証明したい、わかりたいという「やる気」が「真摯さ」なのです。

尽力《じんりょく》

——論理的かつ感情的に、力を尽くして訴える

人を動かすためには、人を納得させなければなりません。自分自身も、やらされている感を持っていては、なかなか主体的に動くことはできません。

では、人を納得させ、自分をも納得させるための方法には、どのようなものがあるでしょうか。

人と自分を動かすために必要なことのひとつは、論理的に物事を説明し、相手に「動くしかない」と考えさせることでしょう。

そして、もうひとつは、情に訴えることです。

人は感情の生き物なので、論理だけではなかなか動くことはできません。**論理的にも感情的にも、「やるしかない！」と思わせることが他人にも自分にもできたとしたら、人も自分も動かすことができる**のです。

さて、人を動かすと言っても、政治家、あるいはその中でも首相となって国家を動かす人は、論理に訴える方法と感情に訴える方法をうまく使いながら、国会や国民に政策を説いていく高い技術を持つ必要があります。

たとえば、イギリスで1979〜1990年の11年間にわたって首相を務めたマーガレット・サッチャー（1925〜2013）は、「鉄の女」という異名を持つことでも知られています。まさに、論理的かつ感情的に訴える方法で、イギリスの苦難を救いました。

政治のことですからもちろん賛否はあるでしょう。ただ「鉄の女」と呼ばれるように、冷戦体制とテロが襲う世界情勢の中で「強いイギリス」「正しいイギリス」を冷徹な目で実現させようとした意志と政治力は、是非の判断を超えて素晴らしいものであったと私は考えています。サッチャーは次のような言葉を残しています。

「社会というものはありません。あるのは個人と家庭だけです」

「私は、コンセンサスというものは、さほど重要なものであるとは思いません。あれは時間の浪費の原因のようなものですから」

「我々は核兵器のない世界ではなく、戦争のない世界を目指すべきです」

「言ってほしいことがあれば男に頼みなさい。やってほしいことがあれば女に頼みなさい」

このような彼女の言葉と尽力によって、1980年代のイギリスは動いていったのです。

「尽」は「盡」の略字である

ところで、「尽力」とは、どのような意味なのでしょうか。

「尽」という漢字は、旧字体では「盡」と書きます。なかなか難しい漢字ですが

「聿」に「灬」それから「皿」が合わさってできています。

これは「筆から墨が垂れて、なくなること」を表します。「聿」は筆です。「灬」は、墨が垂れてもう出なくなってしまっていることを表します。墨がなくなって書けない筆は、また「皿」に入っている墨をつけなくてはなりません。

つまり、**精根が尽きてなくなるまで力を尽くすことが「尽力」という言葉の本当の意味**なのです。

「灰燼《かいじん》に帰す」という言葉があります。

燃え尽きてしまい、すべてが灰になってしまうという意味ですが、ここにも「盡」が「燼」という漢字の右側に使われています。これも火で燃やされ尽くして、もう何も残っていないことを表している漢字です。

食糧雑貨商の家に生まれて、女性で初めて保守党党首、首相という地位まで上り詰め、かつ11年に及ぶ首相の座を守ってイギリスに貢献したサッチャーは、まさに「尽力」の人だと言えるのではないでしょうか。

丹精《たんせい》を込《こ》める

——「丹」には、神様と深い関係がある

「丹精を込めてつくった作品」、「丹精込めて育てた植物」などと言うことがあります。あるいは「丹精を込める」と同じ意味で「丹精を尽くす」という言葉もあります。

もちろんビジネスなどでも、丹精を込めて、念入りに時間を掛けて計画を立てることで、プロジェクトを成功へ導くこともあるでしょう。

それでは、「丹」という漢字を見て、何をすぐに思い浮かべますか。私は、

「丹頂鶴《たんちょうづる》」が思い浮かびます。

このタンチョウヅルは、なぜ「丹頂鶴」と書くのでしょうか。

ご存じの人も少なくないとは思いますが、これは「赤い頭の鶴」という意味です。

つまり、**「丹」は「赤色」を表す漢字**なのです。

ただ、「赤」と言っても、様々な「赤」があります。たとえば「赤」は、炎のような「赤」を表したものであり、「紅」というのは、黄色い紅花からつくられた「赤」で、鮮やかなちょっと黄色がかった色のことです。

それでは「丹」というのは、どのような色でしょうか。

「丹」は、紅色よりもまだもう少し黄色がやや強い色です。身近な例で言えば、稲荷を祀ってある稲荷神社に建てられているたくさんの鳥居を思い浮かべていただければよろしいかと思います。

つまり、「丹」は神社や仏閣の建物に塗るときに使われている色なのです。

実は、この「丹」が、神社や仏閣の塗装に使われるのには意味があります。

もともと「丹」は、水銀と硫黄を混ぜてつくられるものでした。

水銀は、ご存じの通り、猛毒です。

また硫黄は、古くから酸化防止のために使われてきました。

これらを混ぜてつくった「丹」は、建物の虫害や木材が腐ること、金属の酸化による腐食を防ぐものだったのです。

ただ、こうした有益性とは別に、この「丹」の色は「血」の色にもよく似ています。古代の中国では神様に捧げ物をするとき、必ず犠牲の血を祭器や社に塗って使いました。

そのため、この「犠牲の血」を使う伝統と、虫害や木の腐敗や金具の酸化を防止するという実益性を兼ねて、「丹」は我が国でも神社や仏閣の塗装に使われることになったのです。

「丹」には「赤ちゃん」という意味もある

さて、「丹精を込める」「丹精を尽くす」という言葉は、どういう意味なのでしょう。

虫害や金具の酸化を防ぐという意味では、もちろんありません。

実は、「丹」は「赤色」の一種だと述べましたが、**我々が「赤ちゃん」というのを、古代の中国では「丹」という漢字で表していました。**

「赤ちゃん（丹）」は無心で、嘘いつわりのない心を持っています。

この赤ちゃんの心を「丹心」と言いました。「赤」という言葉を使う「赤誠《せきせい》」も、同じような意味です。さらに「丹誠」という言葉もあります。

しかも、古代では、赤ちゃんは「神様からの授かり物」と考えられており、祭器を犠牲の血で染めることと、赤ちゃんが血で染まって生まれてくることを重ね合わせていたのです。

「丹精を込める」「丹精を尽くす」というのは、つまり、神様の意図をそのまま、赤ちゃんのような無心にして、精神を込める（あるいは精神を尽くす）ことだったのです。

宥和《ゆうわ》

——なぜ、お金持ちは喧嘩をしないのか？

「ゆるす」という日本語は、漢字ではたくさん書き方があります。あなたは、いくつ書くことができますか？

「許す」

これは、自分や周りの状態などが、ある物事を行なうことを可能にするという場合に使われます。

「赦す」

これは、罪や咎《とが》、間違いなどを糾弾しないで済ませる、あるいは罰したものを赦《しゃ》免《めん》する、というときに使われます。

「聴す」

これは、相手の要求や願い事を「聞き入れる」ようなときに使われるもので、時代劇などでよく使われ、現代ではあまり使われることはありません。

「宥す」

さて、これはどうでしょうか。

「宥和」「宥和外交」「宥和政策」という熟語で使われることが多い「宥」です。

「宥和」とは「相手の態度を大目に見て仲良くすること」を意味します。

「宥和政策」は、英語では、appeasement policy（アピーズメント・ポリシー）と表現されます。

Appeasement（アピーズメント）の語源は、「平和」という意味の「ピース」と同根です。「アピーズ」というのは、「平和《ピース》にする」という単語からきています。

歴史的に使われてきた教養の深い言葉

昔から、我が国には「金持ち喧嘩せず」という言葉が使われてきました。

「金持ち」という言葉は、もちろん単に「お金を持っている人」という意味ではありません。「きちんとした教育を受けてきた教養のある人」というのがふさわしいと思います。

ただ、そうした教育を受けることは、ある程度お金がなければできませんから、そういう意味で「金持ち」という言葉が使われているのでしょう。

そして何より、お金にゆとりがあって、教養もある人というのは、あまりイライラすることがありません。

それは喧嘩をすれば、時間をムダにしてしまいますし、嫌な思いをすることがわかっているからです。

「宥」という漢字は、「有る（もの）」を「宀」（屋根のある所）に「入れる」という意味でつくられています。

つまり、わかりやすく言えば、なんでも「受け入れる」という意味です。**受け入れて「和《なご》んだ」状態にするというのが「宥和」の意味**です。

とても日本的な言葉だと思いますが、1930年代にイギリスとフランスが、ナチスドイツに対して取った政策が「宥和政策（アピーズメント・ポリシー）」として知られています。

結果的にナチスドイツの台頭を宥《ゆる》してしまうことになるわけですが、初めはわざと妥協的・消極的な手段をとって、局面を自国の有利になるように導こうとした政策でした。

このように国家間での駆け引きなどでも使われていた「宥和」という言葉は、やはり深い考えを凝らすことができる教養がなくては、簡単に使いこなせるものではないのかもしれません。

畏《い》怖《ふ》

――決して尊大になるべきではない

『論語』に、**「君子には三つの畏《おそ》れがある」**（季氏篇）という文章があります。「ひとつは天命。そして二つ目は大人《たいじん》、つまり徳がある人。三つ目は古の聖人の言葉である」と孔子は言っています。古くから注釈には、これらはいずれも人が畏《かしこ》まり、驕《おご》る気持ちを怖《おじ》けさせるものであると述べてあります。

天命という言葉は、別の言い方であれば「運命」でしょう。「一寸先は闇」ということわざがあるように、次の瞬間に何が起こるか、それは誰にも予想することができません。そうしたものを「畏れる」気持ちが、古代の人に特に強かったのは安易に想像ができます。

次の「大人」、つまり「徳のある人」に対する「畏れ」ですが、ある人の前に立ったときに、自分がとってもちっぽけで薄っぺらい存在であるように感じたことは、誰にでもあるでしょう。

徳がある人の前に出ると、自分が考えていることや自分のしてきたことが、すべてこの人には見透かされているのではないかと思え、気恥ずかしくなってしまいます。そうした「畏れ」が「大人に対する畏れ」だと孔子は言うのです。

さて、三つ目の「古の聖人の言葉」というのは、ことわざのようなものです。ことわざとは、誰かが言った言葉ではなく、人間の英知や経験が積み重なってつくられたものです。「笑う門には福来たる」「鉄は熱いうちに打て」「他山の石（人の振り見て我が振り直せ）」「実るほど頭を垂れる稲穂かな」、こうした言葉は、生きる上での大切な指針になります。

「畏」と「怖」の字源はおもしろい

「畏怖」の「畏」と「怖」の漢字の字源が、おもしろいので紹介しておきます。「畏」の漢字に見える「田」は、「大きな頭」を描いたものです。どのくらい大きいかと言えば、人の眼ではそれが頭であることを確認することができないほどの大きさです。

そして、この「畏」の下の部分は、手に棒の武器を持って人を脅している姿を表しています。

人の眼には入らないほどの大きな存在が、棒を持って人を脅しているというと、見えないものが自分を動かす「天命」や「運命」を想像してしまいます。「畏(れ)」というものは、こういう字源から考えても、眼に見えないものに対して抱く恐怖を指すものなのでしょう。

「怖」は「忄」で書かれた「心」と「布」が合わさってつくられています。

布は、ちょっとした風でもヒラヒラと揺れてしまいます。「怖」はまさに、そうした「心」を表したものです。取るに足りないちょっとしたことでも、「畏れる」気持ちがあれば、人はビクビクと心を動かしてしまいます。

「畏怖」の心ばかりで、何事にもビクビクしていたら先に進むことはできません。しかし、こうした気持ちを失ってしまえば、人は「尊大」になり、傍若無人《ぼうじゃくぶじん》となって、我が物顔ですべてを支配するようなことになりかねません。

ちょうどその中間でありなさいというのが、「中庸」という孔子の教えです。「中庸」は「適当でありなさい」と言い換えることができますが、なかなかそこに達することは容易ではありません。

ただ、そもそも「畏怖」や「中庸」という言葉を知っていなければ、そうありたいというイメージすらもつくることができません。言葉ですべてを説明することは不可能ですが、それでもやはり、言葉は「指針」を示してくれます。

古代から培われてきた偉大な言葉は、我々を育ててくれる肥やしなのです。

辛《しん》抱《ぼう》

――「我慢すること」＝「辛抱」ではない

「辛抱」は、「辛《つら》さを抱える」と漢字で書かれますが、「まじめに働くこと」あるいは、節約や倹約など「金銭をムダづかいしないこと」の意味で使われます。

「辛抱」という言葉を使ったことわざには、

「茨の中にも三年の辛抱」

「辛抱する木に金がなる」

というのがあります。

いずれのことわざも「つらさを抱いて、じっと我慢し、まじめにムダづかいなどをしないで頑張っていれば、きっといいことがある」という意味ですが、**実は「辛抱」という漢字は当て字で、本来は「心法」と書くのが正しい**のです。

「心法」は、江戸時代の「禅」の影響を受けて流行した仏教用語です。

「禅」は、我が国では臨済宗や曹洞宗、黄檗《おうばく》宗などそれぞれの宗派によって流儀が異なったりもしますが、目的とするところは「心の体を存養《そんよう》し、心の用を省察《せいさつ》する」ことだと言われています。

欧米でも禅はとても人気がありますし、最近の著名な成功者は必ずと言っていいほど、坐禅《ざぜん》を組んだり瞑想《めいそう》をしたりすると言われますので、少し説明しましょう。

中国や朝鮮半島、日本が含まれる東アジアで発達した仏教や儒教などの思想には、「人間は個人として見た場合には、必ず〝善〟である」という前提があります。言い換えれば、「いい人になろう」「困った人があれば助けよう」という意識が、必ず根底にあるというのです。

「心の体を存養する」という言葉は、その「善」である心を、もう一度自分でしっかり捉えようというものです。

「辛抱」ではなく「心法」で考える

儒教では、「心」は「器」のようなものであると考えます。大きくしっかりとした器であれば、そこにたくさんの物を入れることができます。

ですから、自分の心の形をしっかりと見つめ、少しずつ、大きくしっかりしたものにしようと意識を向けるのです。

そして、同時に「心の用を省察する」という修行をします。

「心の用」とは、「心の動き」です。

自分の心が喜んでいる、怒っている、哀しんでいる、楽しんでいる、といつも自分で心の動きを確認し、それが正しい心の動きであるかどうかを考えてみる。このように俯瞰的に自分の心を眺めることで、冷静に物事を見つめることができるのです。

そして「心法」とは、わざわざ坐禅を組んで瞑想をしなくても、日常生活の中でも自然にそれを行なうように、という教えになります。

自分の心の器を大きくする、そして自分の心の動きをコントロールする、そうすれば、当然、理由もなく人を叱ったり、衝動買いでムダにお金を使ったりすることもなくなるでしょう。

現代では「辛抱」というと、「我慢しなければいけない」という意味になってしまいますが、**本来は「心法」だったと知っていると、「自分自身をコントロールする方法」だと意味を捉え直すことができる**のではないでしょうか。

窮迫《きゅうはく》

――漢字を分解するクセを身につけると、語彙力がもっと高まる

「財政の窮迫」「窮迫した生活」という言葉がよくメディアで使われます。行き詰まってどうしようもないこと、特に経済的に困難な生活を余儀なくされるような場合に使いますが、「窮」という漢字を使った語彙をせっかく覚えるのですから、いい意味の熟語を例にして考えてみましょう。

「無《む》窮《きゅう》」という言葉があります。

漢文式に読めば「窮《きわ》まること無し」ということになりますが、「永久」「無限」

「万世」など、いい意味での「はてしないこと」を表します。

「窮」という漢字は、「穴」と「躬《きゅう》」という漢字を合わせてつくられています。それから「躬」は、「身体」というときの「身」と「弓」でつくられています。**英語の単語などでも同じなのですが、語彙を増やそうと思うときには、このように簡単なパーツに分解してみることが大切**です。そして、そのパーツが何を意味しているのかが理解できるようになると、応用が可能になり一気に語彙を増やすことにつながります。

語彙を増やすには、語彙をつくる一つひとつのパーツの意味を知ることが大きなカギなのです。

さて、「弓」は、ここでは「弓道」の「弓」と似たようなもので、人間の背骨を表しています。もっとわかりやすく言うと、自由自在に伸び縮みができる背骨です。そうした人の身体を「躬」という漢字は表しています。

それでは、「穴」は何を意味するのでしょうか。これは文字通り「穴」です。穴の中に、クネクネと身体を曲げながら入っていくことが、「窮」という漢字の本来の意味なのです。

ただ、この「穴」は、必ずどこかで行き止まり、もうその先に行けないことも意味しています。

つまり**「無窮」というのは、「つっかえてその先に進むことができなくなることがない」という意味で、「終わりのないこと」を意味する**のです。

クネクネと身体を曲げながら……

そのように考えると、「窮迫」という言葉の意味もおわかりになるのではないでしょうか。これは「無窮」という言葉と正反対の意味を持ちます。

「窮迫」の「迫」は、「せま（る）」という訓読みがあります。「つっかえてその先に進めなくなること」が、「迫って」やってくるのです。

「窮迫した生活」という言葉の意味は、最初に書いたように「どうしていいのかわからない。クネクネと身体を曲げながら苦しい生活を余儀なくされる状態」のことです。漢字の「窮」の意味を知っていると、よりイメージがしやすいのではないでしょうか。

さて、「窮迫」を避けるための英語のことわざに、次のようなものがあるのでご紹介しておきます。

Industry is fortune's right hand, and frugality her left.

「インダストリー」と聞くと、「産業」と思う人も少なくないかもしれませんが、実は「勤勉」というのが本来の意味です。また「frugality」という言葉は「倹約」を意味します。

直訳すると「勤勉は成功の右腕、倹約は成功の左腕」、つまり、世界の成功者で勤勉かつ倹約でない人はいない、というのです。

そのため、「無窮」を楽しむことこそが、「窮迫」しない唯一の方法なのです。

内聞《ないぶん》

――「内分」と書き間違える人がとても多い

近年「内聞」という言葉を、「内分」と書く人が増えてきました。「聞」と「分」の漢字の音読みが同じだからでしょう。

ネットで「内分」と調べると、「内聞」と同義だと説明されていることがあります。しかし、電子辞書などでも、辞書によっては「内分」という言葉が出てこない場合があります。

実は、「内分」という書き方は間違っているのです。

「うちきき」とは、不倫を意味する言葉だった

「内聞」というのは、

「内々でこっそり聞くこと」

「表沙汰にしない」

「秘密に」

という意味です。

また「ここだけの話ですが……」という意味で、目上の人に対して、自分が知り得た情報を知らせるときの前置きとして、「ご内聞に願いますが……」が使われることもあります。

実際、「ないぎき」という言い方が江戸時代にはされていました。

さらに、「うちきき」と読めば、人には言えない不倫などの恋愛を意味する言葉でもあったのです。

偏《へん》頗《ぱ》

――「えこひいき」という言葉を知的に表現する

偏頗という言葉を使いこなせる人は、語彙力の上級者です。「偏」を「へん」と読むことができても、「頗」を「ぱ」と読むことができる人は少ないでしょう。「頗る」と書いてあれば読めるでしょうか？　これは、「すこぶる」と読みます。

「偏」は「かたよる」という意味ですから、**「偏頗」は「かたよって不公平なこと」「えこひいき」という意味**になります。

さて、「頗」という漢字はあまり使われないものなので、この機会に説明しておきましょう。

漢字をよく見ると、「皮」と、「頭」を意味する「頁」で成り立っています。「皮」と「頭」とが合わさって、何を意味するのでしょうか。

「皮」は、もともと「皮膚」を表しますが、「波」「坡」（坂）などにも見られるように、表面が傾いていることも意味します。

つまり**「頗」とは、「頭が傾いた状態」**を言うのです。

「えこひいき」という言葉は子どもじみていますが、「偏頗」を使えば、いきなり社会人らしい表現となります。

「社長が部下をえこひいきするのは良くない」

「社長による部下の偏頗は良くない」

必ずしも難しい言葉を使うのがいいと言っているわけではありませんが、人があまり使わない漢語を使うと、周りの人は「この人は教養があるな」と感じてくれるものなのです。

第7章

社会人としてのレベルをもう一段上げたい人のための語彙

機《き》知《ち》に富《と》む

――「頭がいい」では、稚拙な印象を与えてしまう

この章では、あなたの評価をさらに一段上げるための語彙についてお話ししていこうと思います。

たとえば「君、頭がいいね」というような言い方をされて、嬉しいのは小学生から高校生くらいまででしょう。大学に入って「学生」と呼ばれるようになり、社会人になって独り立ちをした人に「君、頭がいいね」と言ってしまうと、言ったほうの評価が下がってしまうかもしれません。少し稚拙な表現だからです。

言葉というものは、通じればそれでいいというものではありません。「頭がいい」ことを伝えるにも、教養のある言い方というものがあります。

さて、「機知に富む」という言葉の意味を知ってはいても、実際に使ったことがある人は少ないのではないでしょうか。

これは、「臨機応変な対応ができる」、あるいは「企画力がある」「ユーモアのセンスを持った人、エスプリの利いた人」という様々な意味が複合的に込められた言葉です。しかも、**中国の古典を踏まえた歴史が深い言葉なので、上手に使うと評価を上げることができる**でしょう。

「機械あれば、必ず機事あり。機事あれば、必ず機心あり」

という故事成語があります。中国の古典『荘子』に見られる言葉です。

あるとき、孔子とその一行が、井戸で水汲みをしているひとりの老人に会いました。なんと井戸から水を上げるのに、縄につけた桶《おけ》を井戸に下ろして引っぱっているのです。

孔子の弟子のひとり、子貢《しこう》が言いました。

「滑車というものがあるのを知らないのですか?」

おじいさんはこれに答えて言いました。

「もちろん知っている。力をほとんど使わずに重い水を上げることができる機械だろう」

「それをご存じなのに、どうしてお使いにならないのですか?」

「滑車を直す術を知らないからだ。機械は便利な道具だが、壊れてしまえばどうすることもできない」


対処できない事態、つまり「機事」が起こり、機械に頼る心「機心」が一度宿ってしまうと、もう機械がなかった時代に戻ることはできない。こうして人は五感の感覚を失い、自然から遠ざかっていくことになる、という教えです。

荘子は、無為自然《むいしぜん》という思想を説いた人で、人為的なものを絶対的に否定しようとしました。

「機知」や「機転」が求められる現代

荘子の思想は別として、現代を生き抜くためには「機械」「機事」「機心」というものを知り、かつ「機知」を持って生きていくことが必要です。**「機知」とは、「その場の状況に応じて素早く働く才智（才能や知恵）」**を言います。

また、「機転を利かす」ことができれば、苦しい状況を、明るく元気に乗り越えることもできるでしょう。

「機知に富んでいるね」と人をほめるときに、「機械」「機事」「機心」「機転」などの言葉を同時に思い浮かべてください。

言葉、特に漢語というものは、様々なレイヤーというのでしょうか、たくさんの層、積み重ねた意味を持っています。こうした層があることを知っていると、言葉に自然と重みが増すものです。

あまつさえ

――世界のビジネスエリートは、副詞に感情を乗せる

名詞、動詞、形容詞、形容動詞、助詞、助動詞……。文法用語を耳にしたら、うんざりする人も少なくないかもしれません。

全く文法なんて知らなくても、経験則で話はできますし、いい文章を書ける人はたくさんいます。

しかし、用事だけをストレートに伝えるというのであればそれでいいのですが、**「社会人としての価値を上げるための語彙」という点で言えば、「副詞」だけでもい**

いので、気を遣うようにするべきでしょう。

実は、アメリカやイギリスなどのエリートと呼ばれる人たちは「副詞」を学び、そこに自分の気持ちを乗せる技術を身につけます。

副詞には、たとえば、

【状態を表す】すぐに　ときどき　やっと　よく　そっと
【程度を表す】とても　もっと　かなり
【叙述（陳述・呼応）する】決して〜ない　到底〜できない　なぜなら〜だから
【指示を表す】こう　ああ　どう　そう

などがあります。

「なんだ、簡単じゃないか」と思われるかもしれません。

そうです。いつも使っている言葉なのです。

できる人は「程度を表す副詞」を使いこなす

しかし、程度を表すような副詞である「はなはだ」「めっきり」、あるいは「あまつさえ」というような言葉を使うと、その人の言葉はより格段に品格のあるものに感じられます。

「あまつさえ、本来の目的たる渋谷スカウトにはものの見事に失敗している」
（森村誠一『大都会』ＫＡＤＯＫＡＷＡ）

「あまつさえ、さっきまで降っていた雨が止み、太陽が顔を出した」
（東海林《しょうじ》さだお『ショージ君のぐうたら旅行』文藝春秋）

「あまつさえ、このことに興奮しているようにさえ見えた」
（宮部みゆき『震える岩　霊験《れいげん》お初捕物控《はつとりものひかえ》』講談社）

「あまつさえ、ドイツに向かうことを信じていた私の部下が公然と不満を表明し、私は不安を禁じ得なかった」

（ハモンド・イネス／池央耿《ひろあき》訳『孤独なスキーヤー』早川書房）

「あまつさえ」というのは、「その上」という意味と「驚いたことに」「あろうことか」という意味があります。

例文の前の二つは「その上」という意味で使われています。宮部みゆきさんの例は、「驚いたことに」という意味だと考えられます。そして、最後の『孤独なスキーヤー』に見えるのが、「あろうことか」という意味に当たるでしょう。

「あまつさえ」を「その上」「驚いたことに」「あろうことか」と言い換えてももちろん構いませんが、現代でも、宮部みゆきさんはもちろん、綾辻行人《あやつじゆきと》、赤川次郎、故人ですが三島由紀夫、北杜夫《もりお》、谷崎潤一郎などの文豪は、「あまつさえ」という言葉をよく使っていました。

読んでわかるというだけでなく、実際に自分で使えるようにしておくと、語彙力の違いを人に見せつけることができるのです。

いみじくも

――「形容詞」＋「助詞」を使うと大人の品格が出る

「あまつさえ」と似たような言葉に、「いみじくも」というものがあります。こちらは副詞ではなく、形容詞「いみじ」の連用形に助詞の「も」が付いた言葉です。

さて、「いみじくも」というのは、どういう意味で使う言葉なのでしょうか。

「非常にうまく」「適切にも」「巧みにも」「まさに」「よくも」と、これだけの意味が「いみじくも」にはあります。

「尚文の母親がいみじくも教えてくれたではないか」

（岩井志麻子『恋愛詐欺師』文藝春秋）

「そんな次第で、僕は西暦八十万二千七百一年の世界でいみじくもそれを目撃したと言わざるをえない」

（H・G・ウェルズ／新庄哲夫訳『タイム・マシン』グーテンベルク21）

「柳生家とは、われながら、いみじくも思い付いたものだと自分で感心する」

（吉川英治『宮本武蔵』新潮社）

「いみじくも」のもとになった「いみじ」とは、善くも悪くも、程度のはなはだしいことを表します。そのもとは、「忌《い》む」が形容詞化したもので、「忌まなければならないほど」すなわち「よくも、ほんとうにな」というような意味から派生して、現在のような意味になったと考えられます。

こうした言葉は間違った使い方をすると、聞いている人も意味がよくわからなくなってしまいます。ぜひとも、日常的に使用をして慣れておきましょう。

独《どく》壇《だん》場《じょう》

——本来は「独壇場」ではなく「独擅場」だった!?

「擅」という漢字は、漢文を読んでいると時々現れる言葉で、「ほしいまま」と読みます。「欲しいまま」としたほうが、わかりやすいかもしれません。

意味は、「自分の思いのままに振る舞うこと」「思い通りにする」ことです。

たとえば「禍福《かふく》を擅《ほしいまま》にす」という言葉がありますが、これは「権威を乱用して、勝手に人を賞したり罰したり、また人の地位を上げたり下げたりすること」を言います。

「自分勝手に好き放題する」という意味で、「独擅《どくせん》」という言葉があったのですが、あるとき、誰かがこれを間違って「独壇」と書いてしまいました。明治時代になってからのことです。

「独擅」と「独壇」は「擅」と「壇」、「扌」と「土」が違います。さらに音読みも異なり、「擅」のほうは「せん」、「壇」は「だん」です。

「壇」の意味は、「演壇」「壇上」などと使われるように、聴衆より一段高い所で話したり歌ったりする場所を指します。

意味も発音も違う、この「擅」と「壇」の書き間違いで、本来「独擅場」と書くべき言葉が「独壇場」という言葉に、いつの間にか代わってしまったのです。

それは、明治時代になって、「擅に」という言葉を人が使わなくなってしまったのが、一番大きな原因だと言われています。

さらにおもしろいのは、「独擅場」が「自分勝手に好き放題する」という意味であるのに対して、「独壇場」が「自分勝手に壇上で自分の意見を述べたり、自分の好きな歌を歌ったりする」という意味であり、なんとなく似ていることです。

縷《る》説《せつ》する

——良く言えば「丁寧」、悪く言えば「くどい」

ダラダラと話をする人がいます。話を聞いていても内容がいまいちつかめずに、ただ時間を取られてしまうだけなのは避けたいものです。「話し上手は聞き上手」と言われますが、話が短いことも「話し上手」の条件のひとつでしょう。

ただ、話の内容によっては、懇々と丁寧に詳しく話すことが必要な場合もあります。そんなときの話し方を「縷説する」と言います。

「縷」という漢字は、「事情を詳しく説明する」と言いたいときに「事情を縷々説

明する」という使われ方をしますが、なかなか難しい複雑な形をしています。

「縷」という漢字の左側は「糸」で、右側は「婁」です。

「楼」という漢字は、旧字体であったときには「樓」と書かれていました。ですから本来なら、「縷」の右側も「米女」と書かれればいいのですが、使われることが少ないこともあって、「縷」と旧字体のまま残されているわけです。ただ、この旧字体の「婁」のほうが、もともとの「縷」の意味もわかりやすいと思います。

「女」の上の部分は、紐《ひも》でグルグルに巻いていることを表しています。

そして、この場合の「女」は「女性」という意味ではなく、「なよなよとして、どこまでもダラダラと続いていること」を表します。

つまり「縷」は、グルグルなよなよとして、どこまでも続いている「糸」なので、**「縷々とした話」と言うと、「終わることのない話」という意味になる**のです。

悪く言えば「くどい話」ということになるでしょうが、「くどさ」を感じさせることなく、スッキリと論理的に美しく、長くなる説明をうまく話せたら「縷々とした説明」をしても、嫌がられることはないかもしれません。

スキーム
――ビジネス英語も語彙力向上のカギ

英語のビジネス用語が、そのまま日本語の中で使われることが非常に多くなってきました。

よく聞く言葉でも、しっかりと意味がつかめていなければ、話の内容を理解することはできません。

また当然ですが、間違った使い方をしていては恥をかいてしまいます。この項で、いくつかまとめて紹介しておきましょう。

●スキーム scheme

これは英語では、「注意深く練られた組織立った計画、政府などが行なう事業計画」また「陰謀、策動」「組織、機構、体系」などたくさんの意味がありますが、ビジネス用語としては「枠組みをきちんとつくった計画」「構想を練る」という意味で多く使われています。

「法的なスキームに関する国際間の問題は、慎重に扱わなければなりません」や「この事業のスキームには、時系列に問題があると思われる」などと使います。

●コンプライアンス compliance

企業が、法令や社内規定、マニュアル、企業倫理を遵守《じゅんしゅ》することです。

もともとの英語の意味は、「要求や命令などに従うこと」「人の願いなどをすぐに受け入れること」なのですが、我が国では、ほとんどの場合「法令遵守」という意味で使われています。

●マイルストーン　milestone

この言葉は、「マイル」と「ストーン」に区切って考えてみましょう。「1マイルごとに置かれた石」という意味であれば、「到達したい場所への標識」であることがわかるかと思います。

言い換えれば、「各作業や各仕事の工程目標」です。「マイルストーンを設定して、仕事をすることにしよう」という言い方でよく使われています。

●デフォルト　default

パソコンに詳しい人なら、「デフォルト」という言葉はよく聞かれるのではないかと思います。「初期設定」という意味です。

ただ、金融関係では「債務不履行」という意味で、この言葉は使われます。新聞には、「日本は、デフォルトに陥ったときのリスクを想定していなければならない」という言葉がよく載っています。

「なんとなくで使わない」と心得る

カタカナのビジネス用語は、よく意味を理解せずに使う人が多く、時々意味合いが捉えづらい場合もあります。特に新社会人の方々などは、先輩や同僚が使っているからと、なんとなくの意味で使ってしまうことがあります。

しかし、会議や打ち合わせなどでカタカナ語が出てきて、よく意味がわからなかったときは、必ず「もう少しわかりやすく説明してください」とお願いすることを忘れないようにしましょう。

カタカナのビジネス用語は、基本的には自分では使わず、最低限意味を理解するために知っておくという意識でいることをおすすめします。

分限者《ぶんげんしゃ》

——優秀な人とは、「身のほどをわきまえている人」

「分限者」という言葉の読み方は二つあります。「ぶんげんしゃ」と「ぶげんしゃ」です。「ぶんげんしゃ」と読むのは間違いだと主張する人も少なくありませんが、江戸時代の初期からすでに二つの読み方がありました。

この言葉の意味は、「身分の高い人」「才能のある人」「お金持ち」あるいは、これらすべてを兼ね備えた人というものです。

つまり、「分限者」という言葉通り「分限のある人」という意味なのですが、さて、それでは「分限」というのは何を指すのでしょうか。

「分」とは「身分」のことです。

「限」とは、「可能の限度」の意味です。

つまり、「どれだけ自分ができるか、またはお金を払えるかを知っている人」のことです。自らの限度を知るためには、そのような力がないといけません。

ちなみに、「士農工商」という身分は、明治時代に入るとなくなってしまいました。そこで新しく出てきたのが「公務員」です。

そして、**「分限」という言葉は、明治時代以降「公務員の身分保障、免職、休職、転職の可能性」という意味で使われるようになりました。**

実際、明治時代から戦後までの公務員の規則集には「分限」という言葉が使われていますが、今ではほとんど使われていないようです。

ただ、「お金持ち」「才能がある人」あるいは「自分の経済力や才能の限界を知る」という意味での「分限をわきまえる人」という使われ方はまだ残っています。

師事《しじ》・兄事《けいじ》

——尊敬の念を持って、教えを受ける

「弟子にしてください」と頼み込んで、師匠から技を習うことがあります。そこにはすでに兄弟子もいて、師匠を中心に、早く弟子入りをした人たちから順番になったヒエラルキーがある。一番新しく入った弟子は、師匠に対して「師事」し、兄弟子に対しては「兄事」しなければならない。

職人さん、あるいは落語家さんたちの世界はこのようにして成り立っていました。私の専門の中国文献学や古典学の研究者の世界でも、そうした「徒弟制度」のよう

なものが残っている気がします。

なぜなら、経験を積み重ねてきた技術、あるいは代々ずっと伝えられてきた特別な解釈などは、自分ひとりではどれだけ頑張っても決して習得できないからです。「技術は習うより盗め」とはよく言われますが、教えてもらったり、盗ませてもらったりするには、師匠や兄弟子たちに対する尊敬の念がなくてはなりません。

この尊敬の念を表しているのが、「師事」「兄事」の「事」なのです。

「仕事」という日本語は、「ビジネス」や「ワーク」という英語で表現されます。「ビジネス」は「利益を目的とするもの」、「ワーク」は「目的を持って努力して行なう仕事」というのが本来の意味だと、アメリカ人の友人は言っていました。

それでは、日本語での「仕事」とはどういう意味なのでしょうか。これは、明治時代につくられた造語です。江戸末期から明治の戯作《げさく》文学者として知られる仮名垣《かながき》魯文《ろぶん》が『安愚楽鍋《あぐらなべ》』（1871～1872年）で使ったのが、初出とされています。

1871年は明治4年で、廃藩置県が行なわれて戸籍法が布《し》かれ、すべての日本人が姓と名を持つようになり、官吏の給与が日給制から月給制になった年です。『安愚楽鍋』で魯文は、「製茶養蚕が盛んになって老少婦女子のよい職業《しごと》さ」と書いているのです。

ビジネスライクとは大違い!?

「仕事」の**「仕」は「身分の高い人の側で役目につくこと」、「事」は「人の用命に応じたり、問題を処理したりすること」**というのが原義です。

「仕」は、現代でも「奉仕」という言葉が使われるように、もともとは「身分の高い人に仕えること」でした。しかし、「奉仕活動」と言えば「ボランティア」が連想されるように、私益を度外視して、人に対して何かをするという意味でも使われるようになりました。

「事」は、まさに「ビジネス」を意味します。人から依頼されたことに対応したり、他人が抱えている問題を処理したりすることによって報酬を得るからです。

たとえば、証券マンが株を買いたい人や売りたい人の要求に合ったものを代わりに買ったり売ったりしたり、弁護士が裁判になるほどの揉め事を解決したりするのは、まさしく「事」であって、現代の言葉からすれば「ビジネス」でしょう。

つまり、「ビジネス」とは、自分ができないことを他の人にやってもらうという、他人の欲求や他人の困難がなければ発生しないことなのです。

そういう意味では「師事する」「兄事する」というのも、「ビジネス」と言えるでしょう。しかし、そこには必ず「尊敬」の思いがなくてはなりません。

「ビジネスライクに」という言葉が、アメリカ的なとてもドライな「ビジネス」を表すとするならば、**「師事」「兄事」という言葉には、東洋的な師弟関係の深さというものがある**のではないかと思います。

古い伝統のない国だからこそ生まれてきたアメリカの良さと、古い伝統がずっと続いているからこそ存在する東洋の良さを、両方身につけることができるのが日本人なのです。

雅致《がち》がある

――風情が感じられる言葉を使いこなそう

私はヨーロッパに10年ほど暮らし、中国などにも時々行きましたが、日本ほど四季の変化を感じられる国はないと実感しています。私はお酒を嗜《たしな》まないのですが、その分、料理をおいしくいただきます。春夏秋冬、季節の食材が移り変わり出てくるのは、とても楽しく、ありがたいことです。

しかし、せっかくの料理が味気ないお皿に醜く盛りつけられていたら、その味わいは半減してしまいます。

美食家として知られた北大路《きたおおじ》魯《ろ》山人《さんじん》は、料理の味はもちろんですが、料理を盛りつけるための陶器、その料理をいただくときに掛ける絵や書などにも心を配ったことで有名です。

材料が持つ味を上手に引き出したおいしい料理を、最もふさわしい場でいただくことほど、素晴らしいことはないのではないかと思います。

食事は、人が生きるための基本です。魯山人ほどのこだわりを求めることは難しいかもしれませんが、みなさんも、毎日いただく香の物や梅干しをのせるような小さな器については、「これはいつ見ても飽きないな」と思えるような物を買い求めてみるのはいかがでしょうか。

いくつか目につくようなものを、掌《てのひら》に抱えて横から眺めたり、ひっくり返して見たりして「これは白菜の一夜漬けの緑に合いそうだ」とか、「梅干しの赤が映えそうだ」と考えるのはとても楽しいものです。

そして、**ぴったりの風雅な趣があるものが見つかったら、「雅致があるな」と表現してみてください。**

他とは違う美しさを称える日本語

「雅」という漢字は訓読みで「みやび」と読みます。

「みやび」は「上品なこと、都会風で洗練された」という意味を持つ言葉ですが、そもそも「都会風で洗練された」というのがどのような意味なのかわからない人も多いと思うので、漢字の成り立ちを見てみましょう。

「雅」という漢字の左側には「牙」という字が見えます。「牙」は尖《とが》っていて目立つものです。たとえば、ゾウの牙は「象牙」と言って非常に高価なものでした。象牙には、他の物とは比べることができないほどのみずみずしい美しさが漂っているからです。

こんなふうに、何か他のものとは違って浮き出て見えるものが「牙」なのです。

次に「雅」の右側には「隹」がついていますが、これはもともと雀《すずめ》のような小鳥を意味しました。

つまり「雅」という漢字は、小さくても何か他とは違う美しさを称えている様子を表しているのです。

しかし、「雅」と「雅致」とでは、ちょっとニュアンスが違います。

先の話で言えば、何か他のものとは異なる「みやびやかさ」を持っていることだと思うかもしれませんが、**「雅致」は、何かと一緒になったときにこそ、お互いの持つ良さが引き立て合ってさらにいいものになるという意味もあります。**そのため、「一致する」という意味の「致」という漢字が「雅致」にはついているのです。

ですから「雅致があるな」というのは、たとえば「この器にキュウリの香の物をのせたら、キュウリの緑をうまく引き立ててくれそうだな」というときに使います。

この言葉を知ると、一つひとつの食べ物に合う「雅致があるもの」をたくさん集めなければならないような気になってしまいますが、そんな必要はありません。なぜなら、目立つものばかりを並べると、かえって主張し合って良さを半減させてしまうからです。「わびさび」と言われるような簡素さの中にこそ、「雅致があるもの」を見つけることが肝要なのです。

一竜一猪《いちりょういっちょ》

——努力を継続する難しさと大切さ

「竜」は、魚の鯉《こい》が懸命に努力し、最後の難関である急流の滝を上って変化したものとされます。「猪」は日本では「いのしし」ですが、中国では「豚」のことです。

「一竜一猪」とは、学問に邁進するとしないとでは、あとになって「竜」と「豚」のような遥かな違いが生まれてしまうという意味の言葉です。

これは唐の詩人、韓愈《かんゆ》が書いた「符《ふ》、書を城南《じょうなん》に読む」と題された長い詩の一節に見えています。

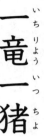

「符」というのは、18歳になったばかりの韓愈の子どもですが、韓愈はこのとき、すでに48歳になっていました。詩の中で韓愈は、次のように言っています。

「ある二軒の家に、子どもが同時に生まれた。抱っこしてあやしている頃は、どちらもほとんど変わらない。少し大きくなって遊んでいるところは、水の中で集まって泳いでいる小魚のように、まだ全然違いはわからない。ところが12、13歳くらいまで大きくなると学問をする子どもは頭角を少し現して、学問をしない子どもとの違いが見えてくる。そして、これが20歳ともなれば、片や清らかな溝のように見えるものが、一方は泥の溝のようで全く違う世界に生きることになる。30歳、立派な大人に成長して、もはや自分を変えることができない年齢になったときには、一方は竜、一方は豚になってしまっている」

韓愈は自分の子どもに、「符よ、学問をして自分で道を切り開いて行くんだよ」と諭したのです。

釣果《ちょうか》

――「つりか」と読んでしまいがちな聞きなれない言葉

釣《つ》りに行った人に「魚、釣れた？」「どれくらい釣れた？」と、普通なら聞くでしょう。「釣果はどうだった？」と聞く人は、今ではもうほとんどいません。

「釣」という漢字は、「釣り」でよく使われます。そのため**「釣果」を「つりか」と、間違って読んでしまう人が少なくありませんが、「ちょうか」と読むのが正しい読み方**です。「釣」という漢字に、「ちょう」という読み方があることは知っておくべきでしょう。

北京に行くことがあったら、一度は泊まってみたいホテルの名前として「釣魚《ちょうぎょ》台《だい》」を覚えておくといいかもしれません。

北京の天安門広場北の長安路をまっすぐ西に行くと（地下鉄一号線、木樨地《もくせいち》駅）、玉淵潭《ぎょくえんだん》公園という金王朝の時代から残っている宮廷庭園があります。金の皇帝の章宗は、ここに「釣魚台」という建物を建てて釣りを楽しんだと言われていますが、清朝の第6代皇帝、乾隆帝《けんりゅうてい》はこの建物を整備し、国内外の賓客を迎えて宿泊させる「迎賓館」としました。

以来、釣魚台は、「釣魚台国賓館」という名称で呼ばれ、2000年頃までは迎賓館としてしか使われてきませんでしたが、最近は一般の人も泊まることができるようになりました。重要な国際会議が開かれたり、国賓の人たちが泊まったりする場所なので、食事はもちろん、サービスも他のホテルとは格段に違います。

新聞などにも時々、ここで重要な会議が開かれたと書かれたりしますが、「つりうおだい」と読んでしまうと、ちょっと恥ずかしいです。

また、「釣果があった（なかった）」というのも、政治や経済の世界では、たとえとして使われる場合があります。

自民党幹事長室に「太公望」の絵が掛けられている理由

あるとき、私は自民党幹事長室を訪ねる機会があったのですが、そこには歴代自民党総裁の写真が掲げられており、大平正芳《おおひらまさよし》と鈴木善幸《ぜんこう》の間にひとつの日本画が掛けてありました。それは、中国古代の鎧冑《がいちゅう》に身を固め、赤く長い一本の釣り竿《ざお》を持って身をかがめるひとりの男、「太公望」とも呼ばれる中国古代の軍師、呂尚《りょしょう》を描いたものでした。

紀元前1050年頃、中国は殷《いん》の紂王《ちゅうおう》が悪政を行なっていました。呂尚は、紂王に嫌気を感じて軍師を下り、川で釣り竿を垂れていたのです。

「釣り」はたとえです。誰か自分を十分に使ってくれる人はいないか、と呂尚は求めていたのです。そこを通りかかったのが、紂王を倒して新しい王朝を切り拓くことになる、周の文王でした。

文王は、釣りをしている呂尚を見つけると、そばに行って話を始めます。しばらく言葉を交わしていると、文王は呂尚こそ、まさに自分がこれからやろうとする政策を補佐してくれるような人材であることに気がつきます。同時に呂尚も、この文王こそ、理想の社会を実現する王の風格を備えた人物であることを知ります。

そして、文王は呂尚に対して言いました。

「我が太公（祖先）が望んでいた賢人こそあなたである」

このときから、呂尚は「太公望」と呼ばれるようになるのです。

意気投合した二人は、王とその臣下として殷の紂王を倒し、以後、およそ800年続くことになる周王朝をつくり上げる道を切り拓きます。孔子は文王を聖人であるとし、また太公望である呂尚を優れた賢人として高く評価しました。

この話は、司馬遷の『史記』に詳しく記されています。

言うまでもなく、**自民党幹事長室に掛けられた太公望の一幅は、良き補佐官であれと戒めるもの**だったのです。

堅忍不抜の志《けんにんふばつのこころざし》

——何かを成し遂げようとするときの合言葉

蘇軾《そしょく》という中国・北宋の時代の詩人の作品に、「晁錯論《ちょうそろん》」という文章があります。そこには、晁錯という前漢時代の政治家を論じた名文があります。

晁錯は、創建まもない漢王朝にあった様々な問題を解決して王朝に寄与していたにもかかわらず、反発を受けて民衆の乱を招き、その反乱鎮圧のためとして、見せしめのために殺された不運の人でした。

このように**「国家」と「個人」という問題は、洋の東西を問わず、常に人々を悩**

ませてきました。

我々は、一人ひとり個人としてもちろん生きているわけですが、市民として、国民という政治共同体の中で生きています。言うまでもないことかもしれませんが、我々は普通、個人としての成功や名声などを考えて生きがちです。しかし、それは同時に「国家」の繁栄にもつながっています。

反対に、あまりにも個人的な欲望を満足させることに力を注いでしまえば、「国家」という政治的共同体自体に大きな損害を及ぼすことにもなりかねません。よかれと思ってやっていることでも、実は国家の存在を脅かすことにつながるかもしれないのです。

現代の日本では、こうしたことを考える機会はあまりないかもしれませんが、歴史の積み重ねの中で今日があることを思えば、やはり、どんなレベルであれ、「国家」と「個人」について思いを馳《は》せることも必要なのではないかと思います。

堅くこらえて、強い意志で目的を達成する

さて、「堅忍不抜の志」という言葉は、自分より1200年以上も前に亡くなった晁錯の生き方に対して、蘇軾が思いを馳せる中で生まれた言葉です。

「堅忍不抜の志」は、「堅くこらえて、ぐらつくことのない心」を意味します。どんなにつらいことがあり、どんなに人から非難されようと、自分が立てた誓いを死ぬまで貫くということです。

「堅忍」の「堅」は、「堅《かた》い」と読みます。これは「土」の部分が「糸」で書かれた「緊」の「引き締める」と同じような意味で、緊張して「堅く」なることを意味します。

一方の「忍」は、「粘り強く、こらえる心」です。

「不抜」の「抜」は、「(髪の毛などが)ぬける」というときに使いますが、それに

否定の「不」をつけるため「抜けない」という意味になります。

ただ、「抜けない」というのは、別の言い方をすれば、確固としてじっと堪え忍んで、動じないことを意味します。

また、「志」は「まっすぐに目的に向かう心」を意味します。

つまり、**「堅忍不抜の志」とは、「緊張した状態で粘り強くこらえる心をどんなことがあっても持ち続け、目的を達成させようとする意志」**という意味の言葉なのです。

蘇軾は、晁錯という人物に、このような高い評価を与えています。

一生懸命に生きること、それは自分のためだけでなく家族、国、地球全体にとっても大切です。

社会に生きる一員として、何かをやろうとしたときに「堅忍不抜の志」を持つことは、とても重要なのです。

棺《かん》を蓋《おお》いて事《こと》始《はじ》めて定《さだ》まる

——有名な唐の詩人・杜甫が残した言葉

「棺を蓋いて事始めて定まる」とは、簡単に言ってしまえば、**「人は棺桶《かんおけ》に蓋《ふた》をされてはじめて、その生涯の価値が決まる。つまり、死ぬまでは人の真価を判断することはできない」**という意味です。

実は、これは有名な唐の詩人、後に、詩聖と呼ばれるようになる杜甫《とほ》が残した言葉です。「君不見簡蘇徯（君見ずや、蘇徯《そけい》に簡す）」というタイトルの詩に、杜甫は次のように記しています。

百年死樹中琴瑟　百年の死樹《しじゅ》琴瑟《きんしつ》に中《あた》る
一斛旧水蔵蛟竜　一斛《いっこく》の旧水《きゅうすい》　蛟竜《こうりょう》を蔵《かく》す
丈夫蓋棺事始定　丈夫《じょうふ》棺《かん》を蓋《おお》いて事始めて定まる
君今幸未成老翁　君、今幸いにいまだ老翁《ろうおう》と成らず
何恨憔悴在山中　何ぞ恨みん憔悴《しょうすい》して山中に在《あ》るを

100年前に切り倒された木も琴の材料にされるかもしれない。
見捨てられた池の水にも、もしかしたら龍が住んでいるかもしれない。
同じように、人の価値は、死んでからでないとわからない。
君はまだ若い。山の中に隠れて、ふさぎ込んでいる場合じゃないよ。

ちなみに蘇徯は、杜甫の友人の子どもで当時20歳くらいだったと思われます。
「簡す」とは手紙を送るという意味です。

人の価値は死んでからわかる

杜甫は、いつも弱い者の側に立って世の中を見ていました。弱く、苦しんでいる人たちを黙って見ておくことができず、その思いを詩にして彼らに贈ったのです。詩の中に「君、今幸いにいまだ老翁と成らず」とありますが、このとき杜甫は、すでに50歳を過ぎていました。自分にはもう残り少ない時間しか残っていない。でも、君はまだまだこれから頑張れるじゃないか、と蘇徯を力づけるのです。

実は、杜甫は生きている頃から「詩聖」と呼ばれていたわけではありません。彼は不運のまま、食べる物もなく、お腹を壊して暴風雨の中で亡くなったのです。詩人として名声が得られるなど、死ぬまで思いも寄らなかったと思います。

ところが、没後300年ほどして、後世の人が杜甫の詩を高く評価したのです。「棺を蓋いて事始めて定まる」とは、自らへの言葉だったのかもしれません。

終章

社会人としての語彙力を自然と高めていくコツ

25歳前後から「語彙の習得数」が極端に下がる現実

第1章でご紹介した名著『Word Power Made Easy（語彙力を身につけるのを簡単に）』の著者ノーマン・ルイスは、英語を母国語とする普通の家庭で育てられている10歳の子どもは、年間に数百の語彙を身につけるのに対し、**25歳前後になると、語彙の習得数は極端に低くなり、平均年間50語程度になってしまう**、と話しています。

これは、日本の場合でも同じことが言えるでしょう。

そして、年間50語程度を覚えたと言っても、それは必ずしも本当に重要な語彙ではなく、流行り言葉のようなものが大半です。

さて、英語の場合、新しい言葉をつくり出すための基本になっているのはラテン語です。そしてラテン語をつくり出しているのは接頭語、接尾語と呼ばれるものです。

これを、日本語に当てはめて考えると、日本語の中でも核になっているのは、漢語、漢字だと言うことができ、接頭語や接尾語というのは、漢字の偏や旁《つくり》のことになるでしょう。

つまり、**根源的に語彙力をつけるためには、英語ならラテン語、日本語なら漢字や漢語を学ぶことが大切**なのです。

「急がば回れ」とは、語彙力をつけるためにも重要なことだと思います。

日本語は〝五七のリズム〟だと覚えておこう

ところで、日本語で人に何かを伝えようとするとき、何が一番大事でしょうか。

たとえば、私の妻はフランス人で、あまり日本語がうまくありません。それでも妻は、日本語を並べてなんとか他人と会話をしようとするのですが、話を聞いてもらえないことがほとんどだと言います。「日本人は、私が外国人だということを知っているから、全然話を聞いてくれない」らしいのです。

しかし、実は彼女が話を聞いてもらえないのは、日本語のリズムが身についていないからではないか、と私は考えています。

日本語は、五七調のリズムが基本になっています。

この五七調のリズムが崩れてしまっていると、日本人は耳を傾けているのがだんだんつらくなってくるのです。

日本語が五七調を基本にしていることを示す例は、和歌や短歌、俳句を見れば明らかですが、我々が普段使っている言葉を考えても明白です。

「パーソナルコンピュータ」を「パソコン」、「ハリー・ポッター」を「ハリポタ」、「焼酎ハイボール」を「チューハイ」など、いろいろな長い言葉を四つの音節にすぐに省略してしまいます。

これは実は、日本語ならではの省略法です。日本語には話したり文章を書いたりするときに、必ず名詞の後に「は」「に」「が」「の」「を」などの助詞をつけないといけません。つまり、長い音節の言葉を四つの音節に省略することによって、これがやりやすくなるわけです。

また、七音節の言葉としては、「やってしまった」「困ったことだ」「あーだこーだと」など、いくらでも見つけることができます。

もちろん、**堅くて礼儀正しい日本語特有の言葉には、五七調が多い**のは言うまでもありません。「このたびは、かたじけなくも、おまねきに、あずかりまして、ありがとう、ございます」などは、五、七の音節です。

つまり、知らず知らずのうちに、我々は、五音節、あるいは七音節のリズムで日本語を話しているのです。

こうした日本語の調子のことなども、語彙を増やしていくときのちょっとした助けになるかと思います。

耳で本を読む

ここから、語彙を増やすために試す価値があることをお話ししていきます。

読書というと、多くの人は黙って目だけで読む、いわゆる「黙読」を思い浮かべるかと思います。

もちろん、黙読も大切なことですが、語彙を身につけるためには、**読書のスタイルを「耳読」にしてみる**ことも有効な方法です。

本来、言葉というものは、「聞いてわかる」ことが最も大切なことです。漢文でも和文でも、英語でもフランス語でも、聞くだけですんなり耳に入ってくること、理解できることが大切になります。

「耳読」には、二種類あります。すでに録音されているものを聞く方法と、自分の声で録音して聞く方法です。

最近では、アマゾンのオーディオブックなどの配信もあり、前者については簡単に手に入れることができるようになりました。

これを活用しない手はありません。アメリカなどでは、本が出版されるとほとんど同時にそのオーディオブックが発売されます。車での移動中に「読書」ができるように、です。

ですが、**「耳読」で最も効果的なのは、自分で音読したものを録音して、それを聞くこと**です。

はじめは、「自分の声を自分で聞くなんて嫌だ」と誰もが思うでしょう。

しかし、自分の声は、自分の心、自分の脳が一番よく知っています。バイアスがない分、自分の声で録音された言葉はスッと理解することができ、語彙や文章のスタイルも覚えやすくしてくれるのです。

語彙力、文章力をつけるためには、名文と呼ばれるものを、自分で音読し、それを繰り返し聞くことをおすすめします。

能を楽しむ感覚で、映画とドラマを楽しむ

もうひとつ、**日本語字幕の映画やテレビドラマを見ることをおすすめしたい**と思います。これは、英語やその他の外国語を学ぶときにも、習得の近道になるもので

す。

日本語の字幕がついている日本語の映像、英語の字幕がついている英語の映像、フランス語の字幕がついているフランス語の映像、こうしたものを耳と目の両方を使って「視聴」することは、語彙を増やすことにとっても役立ちます。

でも、「視聴」するという行為自体は受身です。実は、字幕つきの映像、特に映画を能動的に「視聴」する方法があります。

それは、映像の中で話している言葉を、「聴きながら書く」訓練をするということです。

「そんな面倒なこと、誰がするのか」と思われるかもしれませんが、特に名作と呼ばれるものの中で話されている言葉を、**「聞いて」「写して」「自分で読んで」ということを毎日少しずつでも繰り返してみてください。**言葉はリズムだと、先に書きました。いい映画、ドラマの台詞には、いいリズムがあります。1カ月後には、自分でも驚くほど、映画やドラマの中で俳優さんたちが使っている言葉が身につくでしょう。

また、台本は購入することもできます。アメリカの映画やドラマの場合は、台本を購入できるサイトがいくつもありますし、日本語の映画の場合も古書店などで扱っている場合があります。「観劇」しながら、「台本」を読むというのは、映画やドラマを二倍楽しむことにもなります。

そして、実はこれは、決して新しいことではありません。昔の人は能を観に行くときに、謡本《うたいぼん》という謡の詞書《ことばがき》きが書かれたものを見て、小声で謡いながら、舞台で繰り広げられる能を観劇していたのです。

このような「能」を楽しむための方法を、映画やドラマを観るときにも応用してみてはどうかと思うのです。

どんな人と話すと語彙が増えるのか？

人と話しながら、語彙力を高めていくことはとても大事です。

自分だけであれこれ考えることももちろん大切なことですが、考えたことを人に話してみること、それから人の意見を聞くことはとても重要なことです。

『論語』（為政篇）に**「子曰く、（中略）思いて学ばざれば、則ち殆《あやう》し」**という言葉があります。

一般的に、この文章は「孔子が言った。自分の乏しい知識で思いを巡らすだけで、他人の言葉や古人の教えを学ぶことがなければ、偏狭な考え方に陥ってしまって、危険なものになる」と訳されています。

もちろん、この訳が間違いだと言っているわけではないのですが、「学」という漢字は、旧字体で「學」と書かれました。

この字は「爻」「両手」「冖」「子」を合わせてつくられています。「爻」は交わること、「両手」は皆で協力すること、「冖」は、学校など人が集まる施設、「子」は学生たちを意味します。

つまり、**たくさんの学生たちが意見を交換し、力を合わせて何かを行なうことが「学」であり、偏狭な考え方にならないために、ひとりで考えるのではなく、人と**

話をして視野を広げよう、と孔子は言っているのです。

語彙力という点でも、人と対話することはもちろん重要です。

それは、人にわかってもらうように話せるか、また人の話をきちんと理解できるかという点で「語彙」の豊かさがカギとなるからです。

それでは、どんなところで、どんな人と話すのが、一番勉強になるでしょうか。

それは、やはり「学校」のようなコミュニティに越したことはありません。

最近では、大学に併設されたアカデミーセンター、各地の新聞社や放送局、またコミュニティセンターなどでの生涯大学などが増えています。

こうしたものを活用してどんどん知らない分野を開拓しつつ、語彙を身につけていってください。

日常生活でも語彙は増やせる

日常生活で語彙を増やすコツは、新聞を読むことです。今では電子版もあるので、携帯電話でも読むことができます。

時代の流れを知ることはとても重要なことですし、新しい語彙が登場するのは新聞です。

さて、私がやっている語彙を増やす方法をひとつ紹介しましょう。

これは仕事柄ということもあるのですが、**古い新聞や雑誌を読む**ことです。我が国は明治時代になってから、外国の文化や科学技術を取り入れながら、急速に発展を成し遂げました。

その際に「語彙」も急激に増加しました。自分たちで漢字や漢語を利用しながら、英語、フランス語、ドイツ語の言葉の訳語をつくったりもしています。

「自由」「人権」「電信」、また哲学用語としての「所為」「当為」などがそうですが、これらの言葉がどこから現れたのか、どうやって誰がつくったのかなどを調べることは、とてもやりがいがあって楽しい作業です。

また、最近は、明治、大正、昭和初期の新聞、雑誌だけではなく、１９６０年代以降の雑誌などを改めて通して読んだりしています。

レトロ趣味と言われればそれまでなのですが、自分が生まれ、育ってきた時代のことを改めて読み返すと、自分が何歳のときに、こんなことが起こっていたのかとわかって、これほどおもしろいことはありません。

同時に、**ある時期流行っていた語彙が、だんだん消えてなくなっていく。また新しい言葉が流行り出すという、言葉の「時の流れ」を見ていくこともできます。**

「温故知新」という、紀元前５００年頃に言った孔子の教えにしたがって、古いものにも目を通しておくことも大切なのです。

「大人版」の単語帳を使ってみる

ところで、英単語あるいは古語や漢字を覚えるのに、中高生は単語帳を使っています。

わからない語彙が出てきたら、それを表に書き、その意味を裏に書いて何度か見返す。これは、非常に効果的な勉強法です。

似たような勉強法でおすすめしたいのが、これは私が英単語を覚えるためにやっていることなのですが、パソコンの Keynote やパワーポイントなどのプレゼン用のソフトを使うことです。

知らない単語や語彙と意味を入力しておいて、あとは、タブレットやスマートフォンなどで、これをスライドショーにして再生を繰り返すように設定してみましょう。

24時間、グルグルとこの単語帳が自動的に再生を繰り返しているのを見ていると、

いつの間にか単語は頭の中に入ってきます。完全に覚えていなくても、少なくとも「この言葉はどこかで見た」と思うことができるでしょう。

パソコンのデータは検索すれば見つかりますから、「どこかで見た単語」は、単語帳よりも容易に見つけることができます。

語彙は、意識して身につけなければ、なかなか増えていきません。

しかし、日々のちょっとしたことが、語彙力の向上につながります。

ぜひ、終章でお話ししたことをひとつでも実践してみてください。

おわりに

◆語彙は、使わなければ忘れてしまう

私は研究などのために、英語はもちろん、フランス語、ドイツ語、中国語、イタリア語、ラテン語、サンスクリット語、ギリシャ語、他にもウィグル古語や満州語なども、語学習得のために手をつけました。

このうち、フランス語は妻がフランス人なので、家庭での会話に不可欠でもあって忘れることはありません。しかし、英語はしばらく使わないでいると、すっかり錆《さ》びて、いざというときに口から出てこないことも時々あります。

また、サンスクリット語やラテン語は、最近ではほとんど文献を読む機会がなくなってしまったので、使い物にならないほどになってきています。

言葉とはそういうもので、使わなければすぐに錆びつき、使えなくなってしまうのです。

◆絶えず「読み、書き、聞き、話す」しかない

「語彙力」の「彙」という漢字は、もともとどういう意味を持つものか——。

実は、これは「ハリネズミ」を意味するのです。驚くと丸くなって、背中の針をいっぱいに突き立てる「ハリネズミ」です。「彙」という漢字の「果」は「果物」を意味しますが、これが丸くなった「ハリネズミ」の身体を表しています。

「針がいっぱい出ている」、つまり「広く出ていく」という意味で、言葉の集まりを「語・彙」という言葉で表すようになったのです。

ひとつの核となる言葉を中心にして、どんどん広がっていく語彙。しかし、使わなければ、これらはどんどん「針」のように錆びていってしまいます。

そうならないためには、「読み、書き、聞き、話す」という訓練を、絶えず行なっていくことが大切です。1日は24時間しかありませんが、言葉に触れない時間というのは、睡眠中以外ほとんどありません。

意識的に、新しい分野を開拓してどんどん語彙数を増やし、豊かにそれを使う力

を養うためには、**「読み、書き、聞き、話す」ことを有機的に繰り返す**しか方法はないのです。

山口謠司　拝

本書は、ワニブックスより刊行された単行本を文庫化したものです。

山口謠司（やまぐち・ようじ）
1963年、長崎県生まれ。大東文化大学文学部教授。博士（中国学）。大東文化大学大学院、フランス国立社会科学高等研究院大学院に学ぶ。英国ケンブリッジ大学東洋学部共同研究員などを経て現職。専門は書誌学、音韻学、文献学。『日本語を作った男 上田万年とその時代』（集英社インターナショナル）で第29回和辻哲郎文化賞受賞。
著書に『もう恥をかきたくない人のための正しい日本語』『世界一役に立つ 図解 論語の本』『品がいい人は、言葉の選び方がうまい』『読めば心が熱くなる！ 中国古典100話』（以上、三笠書房《知的生きかた文庫》）、『面白くて眠れなくなる日本語学』（PHP研究所）、『なんでもない一日の辞典』（WAVE出版）、『文豪の凄い語彙力』（新潮文庫）など多数。

知的生きかた文庫

語彙力《ごいりょく》がないまま社会人《しゃかいじん》になってしまった人《ひと》へ

著者　山口謠司《やまぐちようじ》
発行者　押鐘太陽
発行所　株式会社三笠書房
〒一〇二-〇〇七二　東京都千代田区飯田橋三-三-一
電話〇三-五二二六-五七三四〈営業部〉
　　〇三-五二二六-五七三一〈編集部〉
https://www.mikasashobo.co.jp
印刷　誠宏印刷
製本　若林製本工場

ISBN978-4-8379-8890-8 C0130

知的生きかた文庫

世界一役に立つ 図解 論語の本

山口謠司

仕事・人間関係……「どうすればいいか？」の答えは孔子の言葉の中にある！ まっすぐ、しっかりと生きるためのヒント満載！ 人生がとても豊かになる一冊。

品がいい人は、言葉の選び方がうまい

山口謠司

「了解」と「諒解」……相手に敬意が伝わるのは？ 「無念」と「遺憾」……残念な気持ちのニュアンスの違いは？ 似た言葉を的確に使い分ける力がつく！

読めば心が熱くなる！ 中国古典100話

山口謠司

「自分より優れた人材を集める」「相手の戦法の逆をつく」……群雄割拠から秦が中国を統一するまで、知略を尽くして活躍した人々の熱いエピソードが集結！

もう恥をかきたくない人のための正しい日本語

山口謠司

「お求め安い商品」「私もご存じです」……これ、間違った日本語です！ ビジネスシーンや日常会話で誤用しがちな日本語の正しい使い方をわかりやすく解説！

できる人の語彙力が身につく本

語彙力向上研究会

あの人の言葉遣いは、「何か」が違う！ 「舌戦」「仄聞」「鼎立」「不調法」「鼻薬を嗅がせる」「半畳を入れる」……。知性がきらりと光る言葉の由来と用法を解説！

C50493